交通运输经济与
交通运输发展研究

姜贵山 王 静 王娅楠◎著

吉林科学技术出版社

图书在版编目（CIP）数据

交通运输经济与交通运输发展研究／姜贵山，王静，
王娅楠著 . -- 长春：吉林科学技术出版社，2024. 8.
ISBN 978-7-5744-1706-9

Ⅰ. F5

中国国家版本馆 CIP 数据核字第 2024T80B15 号

交通运输经济与交通运输发展研究

著	姜贵山　王　静　王娅楠
出 版 人	宛　霞
责任编辑	穆　楠
封面设计	金熙腾达
制　　版	金熙腾达
幅面尺寸	170mm×240mm
开　　本	16
字　　数	209 千字
印　　张	13.5
印　　数	1~1500 册
版　　次	2024年8月第1版
印　　次	2024年12月第1次印刷

出　　版	吉林科学技术出版社
发　　行	吉林科学技术出版社
地　　址	长春市福祉大路5788 号出版大厦A 座
邮　　编	130118
发行部电话/传真	0431-81629529 81629530 81629531
	81629532 81629533 81629534
储运部电话	0431-86059116
编辑部电话	0431-81629510
印　　刷	三河市嵩川印刷有限公司

书　　号	ISBN 978-7-5744-1706-9
定　　价	80.00元

前　言

在全球化的浪潮中，交通运输业作为经济的血脉，其发展水平直接影响着一个国家或地区的经济活力和社会进步。本书旨在深入探讨交通运输经济的内在逻辑、需求与供给的动态平衡、系统工程的优化策略，以及新兴业态对传统交通运输模式的冲击与融合。通过对这些核心议题的系统研究，我们期望为交通运输行业的决策者、学者及广大从业人员提供有价值的参考和指导。

本书第一章为读者讲述交通运输不仅是一种基础设施，更是经济发展的重要推动力。它通过降低物流成本、缩短运输时间，为商品和服务的流通提供了便利，从而激发市场活力，促进经济的持续增长。第二章深入探讨交通运输市场的需求与供给机制，分析影响需求与供给变化的因素，以及如何通过政策调控实现供需平衡。第三章从系统的角度出发，明确交通运输系统工程的目标是实现交通运输资源的最优配置和运输效率的最大化，通过科学的方法和技术创新，提高交通运输系统的综合效益。第四章分析不同运输方式在经济市场中的定位和作用，探讨如何根据市场需求选择最合适的运输方式，以及如何通过多式联运等方式优化运输结构，提高运输效率。第五章展望交通运输业的未来发展，分析新理念对交通运输业的影响，以及如何适应和引领这些变化，推动交通运输业的可持续发展。第六章聚焦于共享经济、智能交通等新兴业态对交通运输业的影响，探讨这些新兴业态如何改变传统的交通运输模式，给交通运输业带来新的发展机遇。

在写作本书的过程中，我们深知交通运输经济与交通运输发展是一个庞大且复杂的研究领域，涉及众多学科的交叉与融合。我们尽力做到全面、深入，但受限于个人能力和研究时间，书中的论述和观点难免存在不足之处。我们诚挚地欢迎各位读者提出宝贵的意见和建议，以便我们不断地改进和完善。

最后，感谢所有支持和帮助本书完成的同人，没有你们的努力和智慧，本书的问世是不可能的。同时，也感谢每一位读者的阅读，你们的关注和反馈是我们不断前行的动力。谨以此书献给所有致力于交通运输事业的同人，以及对交通运输经济与交通运输发展研究感兴趣的读者。

目 录

第一章　交通运输经济综述

交通运输经济是研究交通运输活动及其与经济发展关系的学科，交通运输业的基础包括运输网络、运输工具、运输服务组织等，它们构成了交通运输系统的骨架，支撑着经济活动的物质流动和人员往来。在中国，交通运输规划与国家的发展策略紧密相连，交通运输对经济社会发展的基础性和先导性作用，以及在构建新发展格局中的重要性。通过规划，可以提升交通运输服务的质量和效率，促进区域经济的均衡发展，支持国家重大战略的实施。

第一节　交通运输业基础理论

一、交通运输业的发展概述

（一）运输的定义

"运输"一词在日常生活、专业领域等方面应用十分广泛。运输是人和物的载运与输送，即运输是借助于一定运力实现人和物进行空间位移的一种经济活动与社会活动。

运输是人类社会的基本活动之一，是我们每个人生活中的重要组成部分，也是现代社会经济活动中不可缺少的重要内容。人类社会由散乱走向有序、由落后迈向文明，运输发挥了不可估量的重要作用。运输已经渗透到人类社会生活的各个方面，并且成为最受关注的社会经济活动之一。

人类社会发展史中的每一个重要进程或重要事件，几乎都与运输有关。中华古老灿烂的文化与黄河、长江密切相连，水上运输为黄河、长江两岸的经济发展和文化传播奠定了最重要的物质基础。丝绸之路是古老的中国走向世界的一条漫漫长路，它传播了不同国家和地区的商品及文化，成为沟通中国与西方各国的一条重要的纽带。古埃及的强大与尼罗河息息相关，是尼罗河把整个古埃及连在一起，为它在商品运输、信息交流、文化传播方面提供了极大的方便。世界奇观金字塔的修建离开了运输是不可想象的。

（二）运输业的形成

运输业是商品经济发展的产物。从整个人类社会看，运输劳动从生产过程中分离，到形成一个独立的产业部门，经历了漫长的历史过程。运输业的形成与商品生产、商品流通的发展密切相关。流通领域中的运输需求直接来源于商品交换的需要，商品交换与商品运输互为条件，相辅相成。商品交换规模和范围的扩大，引起运输规模和范围的扩大，客观上要求运输劳动独立化、专门化和社会化。在人类社会的发展中，第一次社会大分工——畜牧业同农业的分离，使商品交换成为可能。手工业同农业分离是第二次社会大分工，出现了直接以交换为目的的商品生产。第三次社会大分工，出现了专门从事商品交换的商人，使商品经济进一步发展，商品交换的规模有所扩大。然而，在以后人类社会的长期发展中，居于统治地位的是自给自足的自然经济，商品经济发展缓慢，商品交换的规模和范围都受到限制。起初，由商品交换而产生的运输活动是由商品生产者自己完成的，是为交换而运输的。其后，运输活动与商业活动结合在一起，商人主要从事商业而兼搞运输，运输成为实现商品交换的辅助手段，具有明显的依附性质。

（三）运输业的发展

运输业的发展历史在相当大的程度上反映了人类文明的发展史，人类文明的每一次进步都与运输业技术革命分不开。

1. 水路运输的发展

水路运输是最早形成的运输方式之一。早期人类受水中浮物的启发，发明了将圆木挖空的船，即独木舟。随着经验的积累及造船技术的提高，人们建造出以风力为动力的帆船。到了 11 世纪左右，出现了可跨洋运输的商船。我国科学家发明的指南针被用于航海，使航海技术得到了飞跃发展。18 世纪，帆船上使用了机械动力，使造船技术实现了重大突破。19 世纪中期，制造出以烧煤为动力、以螺旋推进器为主要机械装置的轮船。内燃机用于轮船提高了其经济性和机动性。

当代水路运输发展的总趋势是货物运输船舶的专业化、大型化和高效化；水上客运的旅游化、高速化和滚装化；水运管理电子化和航行安全系统电子化。

2. 公路运输的发展

在陆路运输中最早形成的是人类交往与生产过程中产生的天然小道。农业和畜牧业分离，驯养的畜力取代了人力的原始运输。畜力车运输的发展对道路质量提出了新要求，进而产生了人工建造的道路。在古代，我国为统一全国而修建的道路被公认为世界上最早公路的雏形；为进行国际交往而形成的丝绸之路更成为世界陆路交通中具有划时代意义的里程碑。现代公路的雏形取决于汽车的产生和使用，以汽油机为动力的汽车对公路的标准及质量都提出了更严格的要求。大批量的汽车投入使用，极大地推进了公路建设的发展。当代公路运输的主要发展趋势是干线公路高等级化、汽车运输高效化。此外，公路运输技术发展的趋势还有公路设计、交通指挥控制管理和车辆诊断自动化，以及公路工程作业机械化等。

3. 铁路运输的发展

人类在陆路上最早的非人力运输是以牲畜为直接动力的畜力车运输。由于有一定的载荷，原始状态下形成的路面无法承受，出现了车辙，影响道路运输的畅通。后来人们在圆木制成的车轮行驶的地方铺设了以石料为主的硬化路面，或铺上木板，以减少行车阻力，这就是铁路的雏形。16 世纪前后，世界上首先在矿山采用了轨道，并使用了有轮缘车轮的车辆。钢铁工业的发展为铁轨和铁车轮的使用提供了条件。具有现代色彩的铁路运输是随着蒸汽机车的发明和锻铁铁轨的出现，于 19 世纪初开始在世界上投入使用的。由于铁路运输能高速、大量地运输旅客和货物，因而铁路建设得到了很快的发展。到了 19 世纪后半期，全球各大洲都大量建造铁路，使铁路成为陆路交通的主要运输工具。

当代铁路运输发展的总趋势是牵引动力内燃化、电气化，铁路客运高速化，大宗散货运输重载化，信息技术电子化。

4. 航空运输的发展

航空运输是人类最向往的运输方式，也是实现较晚的运输方式。人类第一次离开地球在空中飞行用的飞行器是热气球。但当时还无法控制飞行速度和方向。

以蒸汽机为动力的热气球是飞艇的雏形，直到汽油发动机的采用，才使滑翔机的螺旋桨式飞机成为现实。航空发动机技能的改进，增强了运输能力，延长了航程，提高了速度。20世纪中期喷气飞机的出现，较大幅度地增加了航行距离和飞行速度，航空运输已成为中远距离旅客运输的主要方式。

当代航空运输发展的趋势主要包括：干线飞机巨型化、超高速化，安全性、舒适性进一步提高；安全保证系统自动化；空中交通管制现代化。

（四）运输业的性质

运输业是从事旅客和货物运输的物资生产部门，也是公共服务业，属于第三产业。

1. 物质生产性

运输生产活动是运输生产者使用劳动工具作用于劳动对象，改变劳动对象空间位置的过程。实现劳动对象的空间位移成为运输的基本效用和功能，通过改变劳动对象的空间位置，其价值和使用价值发生了变化。

2. 公共服务性

运输业尤其是运输基础设施，必须以服务作为前提向全社会提供运输产品，必须公平地为社会所有成员服务，不能单纯或过分突出以最大盈利为根本目标。

3. 政府干预性

由于运输业公共安全性的特点而导致政府对运输业的运价、运输工具、运输范围等进行高度管制，世界各国大多如此。政府的干预应尽量避免对运输均衡产生干扰，而影响市场机制的作用。

4. 系统性

在经济、贸易、金融等全球化的今天，交通的全球化位列前茅，发展势头强劲，而且是一切全球化的载体之一。系统性不仅要求国内的运输网成为一个大系统，而且要求与国际运输网交接，运输经济学称之为"空间效用"。

（五）运输业的经济特征

运输业与一般的工业部门相比较具有明显的特征，主要表现在以下四个方面：

1. 运输业生产的是无形产品，不能储存也不能转移

运输生产过程的效用，是于安全、无损条件下改变旅客或待运产品的空间位置。由这一特征所决定，在运输过程中对质量要求显得异常重要和突出，在客货运输中，必须贯彻"安全第一、质量第一"的方针，确保旅客的人身安全和货物、行包的完好无损。由于运输劳动是空间位置的变化，所以运输过程基本是在自然条件中进行，受自然环境影响很大，其设备、场所、人员流动分散，点多面广，经营管理不同于其他工农业生产部门。

2. 运输生产具有时间和空间上的不可替代性

运输生产过程和消费过程是同时进行的。该特点决定了运输生产只能在生产过程中被消费，运输生产越多，消费就越多。一个地区一段时间内多余的运力，不能补充另一地区在某段时期内运输能力的不足。如果运输需求不足，运输供给就应相应减少，否则就会造成严重的浪费。科学的综合运输规划是指导运输生产的重要依据，因此，必须加强运输的科学预测和运量调查。

3. 运输是国民经济的基础结构

运输是国民经济的基础结构，是扩大再生产的最重要条件之一。运输规模是社会经济的基本比例之一。

（1）某种运输方式一旦建成，就会产生交通（运输）效应。交通（运输）效应是指交通行为作用于社会和国民经济各部门所产生的社会经济变化。它包括物质传输效应、集聚诱发效应、时空效应、经济连锁循环效应和社会（国家）管理效应，即引起国民经济各部门生产要素的集聚，从而形成社会生产力；诱发潜在生产能力的发挥，扩大社会再生产；实现国民经济各部门的商品生产和交换，完成其再生产过程；缩小地域空间；相对延长工作和休息时间；增加社会再就业，产生生产和消费的经济连锁循环递增现象；实现社会（国家）的行政管理和巩固国防；促进信息传递、文化交流和人员往来等，从而为整个社会经济的发展奠定基础。

（2）商品经济越发达，生产对流通的依赖性越大，铁路等运输行业的作用也越突出，应优先超前发展。在国家工业化初级阶段，单位产值要求的运输量大，大宗、长距离的原料、燃料和半成品运输构成了货运的主体，此时期铁路的较大发展理所应当。

（3）交通运输与国民经济的比例关系。比较传统的内容是积累和消费的比例，农业、轻工业和重工业的比例等，而很少研究和确认交通运输与社会经济发展的比例关系。一个合理的产业结构或社会生产结构，在多大规模上用多少资源去实现人和物的空间位移，应当是我们社会生产结构研究的主要内容之一，如果忽视这种研究，必然导致交通运输与国民经济的比例失调，必然制约我国国民经济发展的规模和速度。现在社会生产实践向我们提出：交通运输与社会经济发展的比例关系，应当是社会生产结构的基本比例关系之一。

4. 运输生产既创造价值，也创造使用价值

在理论上，对于运输业不仅要强调它的物质生产属性，还应重视它的服务属性及国防功能。运输产品的非实体性和非储备性，使得运输业为社会提供的不是新的物质产品，而是在物质商品的使用价值上并不留下任何可见痕迹的"效用"，这种效用既可供个人消费，又可以将其追加价值转移到商品本身上去，促使物质使用价值的形成及新环境中使用价值的实现。

二、运输的原理与作用

（一）运输的基本原理

1. 规模经济

规模经济的特点是装运规模的增长使每单位的运输成本下降。运输规模经济之所以存在，是因为有关的固定费用可以按整批货物的重量分担。有关的固定费用包括运输订单的行政管理费用、运输工具投资及装卸费用等。规模经济使得货物的批量运输显得合理。

2. 距离经济

距离经济的特点是每单位距离的运输成本随运输距离的增加而减少。距离经济的合理性类似于规模经济，尤其体现在运输装卸费用的分摊上。距离越长，可使固定费用分摊后的值越小，导致每单位距离支付的总费用很小。

3. 运输作业的关键因素

从企业物流管理的角度来说，成本、速度和一致性是运输作业的三个至关重要的因素。

（1）运输成本是指为两个地理位置间的运输所支付的款项，以及管理和维持转移中存货的有关费用。物流系统的设计应该利用能把系统总成本降低到最低限度的运输。这意味着最低费用的运输并不一定导致最低的物流总成本。

（2）运输速度是指为完成特定的运输作业所花费的时间。运输速度和成本的关系，主要表现在两个方面：首先，运输商提供的服务越是快速，他实际需要收取的费用也就越高。其次，运输服务越快，转移中的存货就越少，可利用的运输间隔时间越短。在选择最合理的运输方式时，至关重要的问题就是如何平衡其服务的速度和成本。

（3）运输的一致性是指在若干次装运中履行某一特定的运输所需的时间与原定时间或与前几次运输所需时间的一致性。运输一致性是运输可靠性的反映。多年来，运输经理已把一致性看作高质量运输的最重要特征。运输的一致性会影响买卖双方承担的存货义务和有关风险。

（二）运输的作用

1. 运输有利于开拓市场

早期的商品交易往往被选择在人口相对密集、交通比较便利的地方。在依靠人力和畜力进行运输的年代，市场位置的确定在很大程度上受人和货物可及性的影响。一般来说，交通相对便利、人和货物比较容易到达的地方会被视为较好的商品交换场所。久而久之，这个地方就会变成一个相对固定的市场。当市场交换达到一定规模后，人们就会对相关的运输条件进行改善，运输费用将不断降低。运输费用降低，会使得市场的吸引力范围扩大，由此，运输系统的改善既扩大了市场区域范围，又加大了市场本身的交换规模，运输经济学称之为"空间效用"。

运输在开拓市场过程中不仅能创造出明显的"空间效用"，也具有明显的"空间效用"。高效率的运输能够保证商品在市场需要的时间内适时运到，从而创造出一种"空间效用"，以便繁荣市场。按照拉德纳定律，潜在的市场范围的扩大为运距或速度扩大倍数的平方。

2. 运输有利于刺激市场竞争

运输费用是所有商品市场价格的重要组成部分，商品市场价格的高低在很大程度上取决于它所含运输费用的多少。运输系统的改革和运输效率的提高，有利于降低运输费用，从而降低商品价格。运输费用的降低可以使更多的产品生产者进入市场参与竞争，也可以使消费者得到竞争带来的好处。另外，运输与土地运用和土地价格之间存在密切的关系。运输条件的改善可以使运输延伸到的地区的土地价格增值，从而促进该地区的市场繁荣和经济发展。

3. 运输有利于资源优化配置

根据比较优势原则，运输能够促进生产劳动的地区分工，促使资源在各地区间优化配置。在劳动的地区分工出现后，市场专业化的趋势也会逐渐显露，这就使某一个地区的市场在产品的销售上更加集中在某一类或某几类产品上。市场专业化将大大减少买卖双方在收集信息、管理等方面的成本支出，减少市场交易费用。

4. 运输有利于劳动的地区分工和市场专业化

运输有利于生产劳动的地区分工，一个较为简单的情形是：假设 A、B 两地各生产某种产品（a 和 b），A 地生产产品 a 的成本较低，因此价格低廉，而 B 地生产产品 b 的耗费也相对较低，同样能以较低的价格出售。在这种情况下，每一地区生产它最适宜生产（劳动耗费低）的货物并相互交换是对双方都有利的事情。但如果 A、B 间的运输费用非常高，以至于抵消了专门从事该种产品的生产和交换所能得到的利益，那么两地间的交换就不会发生，结果是 A、B 两地都必须拿出一部分土地、劳动力和资金来投入对方生产成本较低的那种产品的生产中。这时，运输就成了地区劳动分工和贸易的障碍。然而，当 A、B 两地间存在高效、廉价的运输后，这个障碍就会被解除。由此，根据比较利益原则，运输能够促进生产劳动的地区分工。

（三）运输在物流中的地位

运输是物流的支柱。一说到物流，人们就会认为"那是运输产业"。物流过程中的其他各项活动，如包装、装卸搬运、物流信息情报等，都是围绕着运输而进行的。运输是物流过程中各项业务活动的中心活动。可以说，在科学技术不断进步、生产的社会化和专业化程度不断提高的今天，一切物质产品的生产和销售都离不开运输。物流合理化，在很大程度上取决于运输的合理化问题。在物流过程的各项业务活动中，运输是关键，起着举足轻重的作用：一是运输成为物流的动脉系统；二是运输是创造物流空间效用的环节；三是运输降低了物流费用，提高了物流速度，成为发挥物流系统整体功能的中心、环节；四是运输加快了资金周转速度，降低了资金占用量，是提高物流经济效益和社会效益的重点所在。

在物流过程中，直接耗费劳动和物化劳动等这些劳动的综合称为物流总成本。物流总成本主要由运输成本、保管成本和管理成本构成。其中，运输成本所占的比重最大，是影响物流成本的一项重要因素。在物流各环节中，如何搞好运输工作、开展合理运输，不仅关系到物流时间占用的多少，而且会影响物流费用的高低。不断降低物流运输成本，对于提高物流经济效益和社会效益，都起着重要的作用。所谓物流的"第三个利润的源泉"，其意义也在于此。

（四）运输决策的参与者

运输决策的参与者除了托运人（起始地）、收货人（目的地）和承运人以外，还有政府与公众。

1. 托运人与收货人

托运人（一般是货物的卖方）和收货人（一般是买方）关心的是在规定的时间内以最低的成本将货物安全地从起始地转移到目的地。运输服务中应包括具体的提取货物和交付货物的时间、预计转移的时间、零灭失损失，以及精确和合时地交换装运信息和签发单证。

2. 承运人

承运人作为中间人，其目的与托运人和收货人多少有点区别，他期望以最低的成本完成所需的运输任务，同时获得最大的运输收入。这种观念表明，承运人想按托运人（或收货人）愿意支付的最高费率收取运费，使转移货物所需要的劳动、燃料和运输工具成本最低。要实现这一目标，承运人就得在提取和交付时间上有灵活性，以便能够使个别的装运整合成经济运输批量。

3. 政府

由于运输对经济的影响，所以政府要维持交易中的高利率水平。政府期望一种稳定而有效率的运输环境，以使经济能够持续增长。运输能够使产品有效地转移到全国各市场中，并促使产品按合理的成本获得。

稳定而有效率的商品经济需要承运人提供有竞争力的服务，同时有利可图。

与其他商品企业相比，许多政府更多地干预了承运人的活动，这种干预往往采取规章、促使或拥有等形式。政府通过限制承运人所能服务的市场或确定他们所能采取的价格来规范他们的行为；政府通过支持研究开发或提供诸如公路或航空交通控制系统之类的通行权来激发承运人的积极性。

4. 公众

公众作为最后的参与者，他们关注的是运输的可达性、费用和效果，以及环境和安全上的标准。公众通过合理价格产生的对周围的商品需求最终确定运输需求。尽管最大限度地降低成本对于消费者来说是重要的，但与环境和安全标准有关的交易代价也需要加以考虑。既然要把降低环境风险或运输工具事故的成本转嫁到消费者身上，那么他们必然会共同参与对运输的安全感做出判断。

三、交通运输与经济发展

（一）运输业的一般意义与影响

运输业负责完成社会经济生活中人与货物的空间位移。它具有多方面的意义和影响。空间位移量的增加与人类自身的完善和成熟，与经济水平及生活质量的提高过程是一致的。交通运输的发展促进了不同地区之间人员和物质的流动，有助于促进在语言、观念、风俗等方面差异很大的各民族打破各自的隔绝状态，进行文化意识交流，从而鼓励在饮食、卫生、教育、艺术、科技和一般生活方式上的互相交融，推动社会进步。

在政治方面，良好的交通运输条件使广阔地理区域上的政治统一成为可能。历史学家认为，是尼罗河的航运使古埃及在很多世纪以前就已经达到高度的文明；古罗马的建立则应归功于它早期形成的公路系统。

人类始终在不遗余力地扩大、提高和完善在空间位移方面的本领，人与货物空间位移的水平一向反映着人类克服自然阻力的能力。交通运输有力地推动了技术进步，在不断提高人与物位移能力的斗争中，运输进一步联系和代表着未来的各种新技术、新能源、新材料。有人总结说，历史上任何具有革命性的现代运输技术，都是依靠世界上最强大的经济力量支持才出现的。例如近年来超导研究上取得了一些突破性进展，人们马上指出，超导技术可以用来建设高速低耗的轨道系统，提高运输效率；又如实现星际之间人与物位移的航天技术已经成为各国发展高技术的重点。现代科技的大量成果都被很快地应用到交通运输领域，人类文明的成果一次又一次体现在交通运输上。

运输还是国防和战争的重要因素，无论是古代还是现代，运送部队和装备的能力都是决定战争胜负的基本条件之一。在今天的国际条件下，这种能力更是与各国的工业、经济和国防力量结合在一起，在国际对抗中起着越来越重要的作用。

（二）交通运输业在国民经济中的地位

1. 运输是再生产过程中的必要条件和社会生产力的组成部分

（1）生产领域中的生产性运输活动，是生产过程的重要组成部分。例如工厂内通过汽车、专用铁路及其他运输设备，使生产过程中的原材料、半成品和在制品的位置移动就是生产得以进行的重要条件及环节。至于某些生产部门，如煤炭、石油等部门，其生产活动在很大程度上就是运输活动。如果没有这些运输活动，工农业生产活动就无法进行。

（2）产品从生产过程生产出来后，必须通过运输经过分配、交换，才能到达消费领域。从生产领域到消费领域，是产品生产过程在流通领域中的继续和延长，如果没有运输这个中间环节，产品的使用价值就难以实现，社会的再生产就不可能进行，人民生活的需要也就难以满足。生产往往以运输业的运输活动为起点，又常以运输为纽带，联结各个领域和环节，这就说明没有运输就不可能有物质资料的生产，所以运输促进了社会生产力的发展。

我国多年的经济建设实践也充分证明，发展交通运输是发展国民经济的基础和先决条件。

2. 运输保证了社会产品提供并创造了国民收入

运输虽不能创造新物质产品，不增加社会产品的总量，却是社会产品生产过程中所必需的生产劳动。属于生产过程的运输，如运输工人、运输设备直接参与物质产品的创造过程；属于流通过程的运输，则是一个必要的追加的生产过程。一方面，产品经过运输虽然其使用价值没有发生任何变化，但由于运输过程中消耗的生产资料价值及运输职工新创造的价值追加到产品的价值中，就使产品的价值量增加了；另一方面，如果没有运输，产品的使用价值就难以实现，运输保证了社会产品提供并参与了国民收入的创造。

3. 运输确保了社会正常的生活和工作秩序

运输活动是社会赖以存在和发展的必要条件之一，特别是随着现代化社会经济的发展，如果没有相应发展的运输业，社会生产活动就无法进行，人们的正常工作和生活也会受到严重影响。现代社会的四个流动（人流、物流、资金流和信息流）是社会运转所必需的，其中，人流、物流直接由运输业完成。

虽然现代化的信息流由于通信设备的不断更新与完善，对运输部门的依赖程度已明显下降，但大量的信息载体，如信函、报刊和其他印刷品，仍需要由运输部门承运，可见交通运输在确保社会正常的生活和工作秩序等方面起着十分重要的作用。

4. 运输占用、耗费了大量的社会资源

运输业不但占用了大量的社会劳动力，而且消耗了大量的社会资源，运输费用在生产费用中占有很大比重。例如我国火力发电工业的发电成本中，燃料的运输费用约占 1/3。在商品流通费用中，比重最大的也是运输费用。在全国基本建设投资方面，运输业的固定资产投资占全社会固定资产投资比重逐年呈现上升的趋势。运输业的发展，有赖于国民经济其他部门的发展，反过来又促进其他部门的发展。

（三）交通运输业对国民经济的作用

1. 促进工农业生产和整个国民经济的健康发展

运输业作为社会生产的必要条件，是保证国民经济建设正常进行的重要环节。在某种情况下，没有运输就不能进行生产活动。例如煤炭开采出来以后，如果没有运输工具将其送入消费地区，煤炭本身的使用价值就不能实现。尤其是随着现代化大生产的发展，生产专业化与协作加强，各地区之间的经济联系更加广泛和密切，这就更需要按时将原料、燃料和半成品运往工厂，将化肥、农药等运送到农村，把成品及时送入消费地，以保证整个国民经济正常运转。

对于工农业生产部门来说，运输速度加快，运输效率提高，运输质量越好，运输成本越低，就越能缩短商品在途时间，加快流动资金周转，降低商品流通费用，从而促进经济的发展。

此外，运输有助于新资源的开发，促进落后地区的经济的发展，并能扩大原料供应范围和销售市场，最终促进社会生产力的发展。例如中华人民共和国成立以来，随着我国西部地区一些铁路和公路干线的兴建，出现了不少新的工业基地和城市，西南和西北地区的工业总产值也有了大幅提高。

2. 推动了生产力的合理布局，有利于提高全社会的经济效益

国家和地区的工业布局，首先要考虑原材料运进和产品运出方面所具备的交通条件。采掘工业和加工工业的布局安排是否合理，同样要分析交通条件如何，没有现代化的运输或运力不足，新的大型资源的经济开发是不可能的。运输在一定程度上能够促进生产力的合理布局。例如兴建一个工厂、一座矿山，开发一处农场、牧场，修建电站、学校，设置商业购销网络，都必须考虑到交通运输的条件。上海市 100 多年前不过是一个小渔村，又无矿产资源，但自从沿黄浦江建立海港后，很快就发展成为我国工业、商业最为繁荣的第一大城市。

3. 加强了各国之间政治、经济及文化等方面的交流

现代的交通网络，可把全国及我国与世界各地联成一个有机的整体，加强了各国之间政治、经济、文化的交流往来，在满足人们旅游和物质文化生活方面起到了重要的作用。

就我国经济而言，我国的经济发展不是仅指沿海几个经济特区或发达省份的发展、不是仅指东部狭长地带的发展，也不是仅指几亿城镇居民的居住地的发展，而是应该包括全体农民在内的全国各族人民的整体物质生活与文化生活的共同发展。我国中西部的广大地区，至今还是经济欠发达地区，在一定的时间内，要使这些地区有大的改观，只靠中央政府扶持是不行的，而必须完善它们的"造血"机能，交通运输业是其"造血"所必需的机能之一。经济欠发达的地区常以交通困难或交通欠发达为特征。如果充分利用现代运输手段，可明显加快其经济的发展。

4. 扩大了对外贸易，密切了同世界各国的关系

现代社会，再也不能是"自产自销"的小商品生产社会，必须将门户向世界开放。有无完善的交通系统，是门户能否真正打开的关键。改革开放以来，我国高度注重引进与利用外资兴建与完善我国的交通基础设施，随着对外开放政策

第一章 交通运输经济综述

的实行，以及我国国际事务活动范围的扩大，我国同世界各国在政治、经济、文化方面的交流日益频繁，关系逐步地密切起来，运输业的作用势必日益增强。

5. 对区域经济发展起推动作用

交通项目的通车运营，改善了区域内及区域间的运输条件，区域社会发展的空间结构趋于更加合理，从而对区域社会发展的各个方面产生了综合影响。

人类的各种经济活动都是在一定的空间内进行的。社会经济空间是社会经济活动中物质、能量、信息的数量及行为在地理范畴中的广延性存在形式，即其形态、功能、关系和过程的分布方式及分布格局同时在有限时段内的状态。社会经济活动的空间结构，是一定区域范围内社会经济各组成部分的空间位置关系及反映这种关系的空间集聚程度和规模。从区域开发与区域发展的大量实例中可以看出，空间结构在区域经济社会发展中的影响是非常突出的，是区域发展状态本质反映的一个重要方面，是从空间分布、空间组织的角度考察、辨认区域发展状态和区域社会经济有机体的罗盘。

区域经济学中的空间决定论认为，要使一个区域获得大规模开发和迅速发展，必须首先发展交通和通信网，即空间—距离可达性对区域经济发展具有先决性。这一理论明确指出交通基础设施在区域经济发展中所具有的重要地位。交通基础设施的影响和作用可以进一步通过区域科学中的引力模型来解释：交通设施的便利降低了两地之间往来的运输成本（包括货币或时间），从而提高了区域内潜在目的地的空间可达性（或吸引力），促进了区域中各种社会经济活动在空间中的相互作用。当一个区域具备这种区位优势时，就会产生一种引力，有可能把相关企业和生产力要素吸引过来，在利益原则的驱动下，形成产业布局上的相对集中和聚集，从而为该地区经济的发展创造了机会。这种引力就称为区位优势。

交通运输普遍存在于人类的社会经济活动中，它为经济活动提供空间联系的环境，区域社会经济系统中经济要素的排布、经济活动的空间格局和基本联系，都首先要依靠交通运输，以运输网为基础形成经济活动的地域组织。运输网的不断加强、扩展和综合化，加上其他方面的基础设施，再加上商业关系、金融关系和企业之间的分工协作及集团化联系等，就构成了现代经济空间结构变化的基础。交通运输是社会经济空间形态形成和演变的主要条件之一。在经济生活的一切创造革新中，运输工具的革新在促进经济活动和改变工业布局方面，具有最普遍的影响力。

交通运输对区域经济社会发展的巨大作用在于：通过提高区域的空间可达性（所谓空间可达性，是指一个区域与其他有关区域进行物质、能量、人员等交流的方便程度。其内涵是区域内部及区域之间社会经济联系的方便程度），可以改善区域社会经济空间结构的合理性，增强区域内部及区域之间社会经济的有机联系，促进区域社会经济的协调发展。现代经济发展的历程也表明，从空间分布的角度看，现代经济的发展总是首先在运输资源相对丰富的地区或区域形成增长极。经济增长极之间通常存在较强的相互作用，并在它们之间形成"经济场"，从而对它们之间的地区和其他地区产生经济极化作用，带动整个经济更有效与更有序地发展。

（四）交通建设项目对宏观经济增长的影响

投资与经济增长之间存在着一种相互促进、相互制约的密切关系。一方面，经济增长是投资得以扩大的基础，投资的来源离不开国民经济的增长，投资的多少及投资在国民收入中所占的比重都受国民经济增长水平的制约；另一方面，投资增长是经济增长的必要前提，在一定的科学技术水平和有限的资源条件下，经济增长速度在相当大的程度上取决于投资的多少及其增长率。

投资通过其需求效应来拉动经济增长，在投资生产活动中需要直接和间接消耗各个部门的产品，使投资需求增加，并且在投资生产活动中因国民收入增加还将引起消费或股份需求的不断增加，这就带来了最终需求的增加，引起对经济的拉动作用。投资又通过其供给效应来推动经济增长，所谓投资供给，是指交付使用的固定资产，既包括生产性固定资产，又包括非生产性固定资产。生产性固定资产的交付使用，直接为社会再生产注入新的生产要素，增加生产资料供给，为扩大再生产提供物质条件，直接促进国民经济的增长；非生产性固定资产则主要通过为劳动者提供各种服务和福利设施，间接促进经济增长。

投资具有创造需求和创造供给的双重功能。从这个角度考察，高速公路项目对国民经济的拉动作用大体上可以分为两个部分：一部分是需求效应，指公路投资活动本身对增加国内生产总值、扩大有效需求、拉动经济增长的作用；另一部分是供给效应，指公路建成通车后，由于通行能力增加和行车条件改善，带来运输费用降低、客货在途时间节约、交通事故减少等由公路使用者直接获得的经济效益，特别是推动公路运输业发展、提高综合交通运输体系效率，以及因区域交通条件改善和区位优势增加，通过不同途径对区域内社会发展产生的促进作用。后者较前者来讲，对经济发展的促进作用更大、持续时间更长、涉及范围更广。

交通运输基础设施建设投资对国民经济的拉动作用首先表现在它对 GDP（国内生产总值）的计算产生了很大的影响。在我国，计算 GDP 一般采用支出法和收入法。根据支出法计算 GDP 时，包括一定时期内最终由居民消费、政府支出所购买及使用的产品和劳务价值额、企业投资所形成的资本形成额（等于固定资本和存货）及净出口。交通运输基础设施属于社会基础设施，也即属于最终产品，应计入 GDP 中。根据收入法计算 GDP 时，包括各生产要素的收入（工资、利润、生产税、折旧）总和，即为生产最终产品而需要的一切生产阶段上的增加值之和。基础设施建设过程本身会产生工资、利润、折旧和税金等增加值，并要消耗大量的水泥、钢材、木材等物品，这些中间消耗品的生产企业在为基础设施建设进行生产的过程中也创造了一定数量的增加值。生产水泥、钢材、木材等的企业在生产过程中同样要消耗矿石、电力等中间物品（对基础设施建设而言，属于间接消耗品），这些物品的生产企业在生产过程中同样创造出一定数量的增加值，如此循环，直至最终产品生产出来（建成的基础设施）。这一切生产过程中产生的增加值之和正好等于基础设施建设支出总额，应计入 GDP 中。无论是用支出法还是收入法计算 GDP，交通运输基础设施建设投资都会使 GDP 增长。

交通运输基础设施建设具有投资密集和劳动力密集的特点，对其增加投入，可以带动钢铁、建材、机械制造、电子设备和能源工业等一大批相关产业的发展，并可以吸纳大量劳动力。铁路、公路、车站、港口、航道等基础设施的建设会带动建筑业的兴盛；交通运输基础设施的建设会刺激对交通运输工具的需求，从而推动汽车工业、船舶工业、机车工业、航空工业等机械制造业的发展；铁轨、管道和汽车、飞机、轮船等交通运输工具对金属的大量消耗会促进采矿业与冶金工业的发展；交通运输工具对煤炭、石油等能源的大规模需求又能促使能源采掘业的发展。

大规模的交通运输基础设施建设不仅能有力地带动一大批相关产业的发展，而且交通运输基础设施的改善和水平的提高又会刺激那些需要其提供产品与服务的企业和居民的消费，有效地刺激国内需求。

交通运输基础设施建设对交通项目投资将产生乘数效益。交通项目建设能够使所在地区增加就业人员和工资收入，提高人民收入和生活水平。对交通项目建设的投资增加，会使 GDP 增加同等的数量，这也意味着居民、政府和企业会得到更多的收入。收入的增加会促使消费再支出，从而带来社会总需求和 GDP 的更大增加，这一系列的再支出无限持续下去，最终总和为一个有限的数量。此时，投资所引起的 GDP 增加量会大于投资本身的数量。这种现象被称为交通项目投资的乘数效应，由投资增加所引起的最终 GDP 增加的倍数被称为投资乘数。投资乘数说明了对交通项目投资将对国民经济相关部门产生影响，扩大这些部门中企业的产出并提高利润水平，进而刺激消费增长，最终推动经济增长。

（五）交通项目运营与微观经济的关系

交通项目的建成通车，产生了显著的直接经济效益，促进了运输业的发展，改善了综合运输结构。下面以公路项目为例进行分析。

1. 产生了显著的直接经济效益

交通项目通车后，缓解了公路运输的紧张状况，改善了运输条件，产生了显著的直接经济效益。这些效益又称为使用者效益，主要包括以下四个方面：

（1）运输成本降低的效益。这部分效益是出于公路技术等级的提高，与以前的公路相比，在保修费用、轮胎、燃料消耗等方面的成本节省效益。

（2）运输时间节约的效益。修建一条高等级公路代替相对等级较低的普通公路，可以大量节约旅客、货物和驾驶员的时间。利用有无分析法计算节约的时间，再利用机会成本测算时间节约的价值，就是运输时间节约的效益。

（3）提高交通安全的效益。这部分效益是指公路建成通车后，与旧日路相比较，由于交通安全事故减少而产生的效益。

（4）减少拥挤的效益。此效益是指该公路的建成通车使原有相关线路和设施的拥挤程度得到缓解而产生的效益。

2. 促进了公路运输业的发展

高速公路是国道主干线的重要组成部分，更是地区公路网的主骨架。为充分利用高速公路发展经济，沿线各地区加速了县乡路、机场路和疏港路与高速公路的沟通，促进了路网布局的完善及公路等级和通行能力的提高，从而加快沿线地区公路运输的发展。这种发展表现在两个方面：一方面是"量"的发展，即运输量的增长，以及公路运输行业的客运、货运、维修、搬运、运输服务五大分支行业产值的增加。另一方面是"质"的发展。当今世界，社会经济生活信息化和产品结构高技术化进程加快，竞争日益激烈，对运输服务的要求也越来越高。在发达国家，快运和物流业正是充分发挥了公路运输快速、方便、"门到门"的优势，适应了现代经济发展的客观要求，从而成为公路运输业发展的重点领域。当前我国经济持续健康发展，公路基础设施面貌日新月异，尤其是高速公路的迅速发展，为快速运输和物流业的发展提供了难得的发展机遇与良好的基础条件，只要运用得当，必将带来运输结构的改善，运输领域的拓展极大地提高了公路运输的服务质量。

3. 改善了综合运输结构

现代交通运输业包括铁路、公路、水运、航空、管道五种运输方式，各种运输方式之间存在着很大的互补性，在一定的条件下某些运输方式间也存在较强的竞争关系。各种运输方式之间的有序竞争会促进各自不断提高自身的服务水平，更好地满足社会需要，真正得到实惠的是广大旅客和货主，受益的是包括我们自己在内的社会公众。

我国交通运输体系长期以来处于以铁路为主体、以公路为补充的状态，随着国民经济的发展和运输需求的变化，这种运输结构已显现出一系列问题，如铁路运输日趋紧张，运输能力无法满足不断增长的客货运输需求等。高速公路的迅速发展，使公路的大动脉作用日益明显，改变了以往公路运输在综合运输体系中只具有短途、零散、中转接卸功能的附属地位，开始在现代化高起点上与其他运输方式相匹配。在综合运输体系中，公路运输完成的客货运周转量占各种运输方式的比重明显上升。

近年来，我国铁路持续大力实施提速战略，不断地完善线路条件，发展新型列车，采取优化运输产品结构，提高服务质量等措施，开创了铁路新风，备受社会瞩目，这正是随着高速公路的发展，各种运输方式相互竞争、相互促进的直接结果。

第二节　交通运输规划

一、交通运输规划的理念与结构

（一）交通运输规划的功能、编制主体和实施对象

规划的含义是指个人或组织指定的较为长远和全面的计划。人们普遍认为，规划是在不确定性条件下，利用既有的知识和信息，结合对未来发展形势的需求和目标研判，针对有限资源的最优化配置过程。交通运输规划是我国规划体系中的重要组成部分，从属于国家发展规划，与其他领域规划相互衔接，是对交通运输领域发展在时间和空间上的战略部署与具体安排。

规划是中国特色社会主义发展模式的重要体现，在改革开放以来的交通运输发展中起到了重要作用。一方面，规划引领发展，是实现交通运输发展治理的重要方式，是党的主张和国家意志的重要展现，交通运输规划编制的过程是一个不同主体、不同区域凝聚和达成共识的过程。另一方面，规划也是中国发展经验的重要载体，规划的编制和实施是世界各国连接中国发展、借鉴中国经验的重要窗口。

交通运输规划实施对象涵盖交通运输领域的各个方面，包括设施布局、服务和技术装备，也包括相关领域中涉及交通运输的部分、新经济新业态等。自改革开放以来，交通运输综合规划和行业规划中对于设施建设发展着墨较多，近年来，交通运输服务、装备等方面也逐步成为实施重点。

（二）交通运输规划的理念、流程和依据

交通运输规划发展理念主要体现在交通运输发展与经济增长之间的关系上。改革开放以来，我国交通运输规划与经济增长之间的关系主要有三类，即追随型、适应型、超前型。追随型主要指交通运输发展落后于经济社会发展需求的情景下，交通运输突破经济社会发展限制。适应型主要指交通运输发展基本能够保

障经济社会发展需求，实现了较好的协调发展。超前型主要指交通运输发展的保障能力领先于当前经济增长发展需求，能够对经济增长起到引领作用。在发展中，交通运输规划下的推动效应在规划年限中较为突出，并在远期发展中逐步稳定。

我国交通运输规划编制实施过程不断完善，规划发展环环相扣，起讫点逐步融入前一、后一阶段的规划编制实施之中。一般来说，规划编制在前一阶段中期评估阶段，结合上一阶段实施情况和发展中的新情况新要求，开展相应的前期研究，依托研究编制规划草案，承接上一级规划布置，衔接其他领域规划安排，对草案开展意见征询，经过审议批准和相关文件决议后，将交通运输规划公开发布。规划公布后，相关部门积极开展实施，在规划中期对规划进行评估，确保规划及时完成，同时衔接下一阶段规划。

（三）交通运输规划体系构成

整体来看，我国的交通运输发展规划从属于经济社会发展战略规划，隶属"专项规划"范畴。改革开放以来，以综合交通运输发展规划为统领，统筹和协调各方式规划，形成了时间、空间、行政层级、物性等不同维度下的规划体系。交通运输规划内容涵盖网络布局、基础设施建设、服务供给、技术装备、投融资机制、综合开发、规划实施的政策保障等。

1. 时间维度：中长期规划+五年规划+短期滚动实施方案

在我国现行的规划体系下，中长期发展规划主要明确未来一段时间内的发展大方向；五年规划则结合形势明确在当期的五年发展阶段下的发展任务；短期滚动实施方案是将任务进一步拆分，落实近期具体工作。

2. 空间维度：跨区域规划+城市群规划+城市规划+农村规划

跨区域规划主要对具有某一类共同发展诉求的地区划分区域界线，从区域整体角度进行统一部署。城市群规划在跨区域规划基础上，进一步落实规划，以城市群空间为界限进行划分。需要指出的是，当前城市群规划大多具有跨区域特征，与跨区域规划范围存在重叠。城市规划则围绕城市交通，结合上一层区域规划，落实相关部署。农村规划是从农村地区交通运输发展需求出发，对农村交通发展做出相应的部署。

3. 行政维度：中央规划+地方规划

中央规划制定中央层面的总体战略，从国家整体发展需求出发，对区域、行业发展做出安排。地方政府则根据中央规划部署，在本地区进行落实，联系自身发展需求，对本地区交通运输发展做出部署。

4. 物性维度：综合规划+行业专项规划

综合交通运输体系规划从系统视角规划统领各种运输方式规划，对各运输方式之间的协调协作、各运输方式的发展重点做出部署。分方式的行业运输规划根据综合交通运输体系规划，将各行业发展任务进一步延伸和细化，对行业内部发展及与其他运输方式的配合、其他领域融合等相关内容做出安排。

二、交通运输规划特征与关注重点

（一）我国交通运输规划的特征

1. 规划体系逐步丰富，规划功能不断拓展

经过多年的发展，我国交通运输领域计划规划体系不断丰富完善，初步形成了包括综合交通规划与行业专项规划、中长期网络规划与五年发展规划、区域交通规划与地区交通规划、中央交通规划与地方交通规划、设施规划与服务规划等在内的规划层级和框架结构。规划的视角和内容的重点也由国内向国际与国内、由交通自身领域向交通运输与经济社会和生态环境等多领域深度融合拓展延伸。

交通运输规划的功能也由建设规划逐步向行业规划转变。改革开放初期，交通运输发展重点解决交通运输对经济社会发展的"瓶颈"制约，以基础设施建设发展为主。随着改革开放的不断深入，基础设施供给严重不足的情况有了明显的改善，特别是进入 21 世纪以后，交通运输规划内容逐步向其他环节、方面覆盖和延伸。

2. 规划导向作用突出，规划主线更加明确

交通运输规划理念从被动适应转向主动支撑引领。改革开放之初，我国交通运输发展总体落后，在这一时期，交通运输一直是国家优先发展的重点，但始终是作为薄弱环节被动地追随和适应经济社会发展。21 世纪以来，交通运输基础设施对经济社会发展需求的满足和保障能力逐步提升，结合深刻变化的国内外发

展形势，被动式发展的理念已无法适应发展需要。特别是近年来，交通运输发展规划更进一步地注重未来发展的战略性和前瞻性，强调交通运输对经济社会的支撑引领作用。规划的主线不再是各种运输方式之间的独立发展、简单叠加，而是统筹多种运输方式协调发展、合理衔接，从而实现资源精准配置、运力合理分布，实现交通运输领域全面发展。这一理念也贯彻到了分方式专项规划之中，如何与其他交通运输方式形成合力成为在制订行业专项规划时需要考虑的重要因素。

3. 规划目标日益多元，主动引领理念凸显

交通运输规划发展目标由单一逐步转向综合。在改革开放的前 30 年，交通运输规划主要围绕构建网络格局和实现规模效益。随着网络框架的逐步形成，特别是近年来，规划目标不再局限于规模增长，而是更强调经济社会整体发展效益和质量的支撑与引领，直观地反映了经济、政治、社会、技术、资源和环境等外部影响，以及交通运输与外部影响各领域间的融合互动。

规划重点从面面俱到的发展部署逐步转向重点问题和目标导向，突出对重大战略、重大矛盾、重点问题的解决处理。根据所处阶段的特征和主要矛盾，明确发展目标，提升规划的针对性、指导性和实用性，重点突破，避免"大而全"，强调与时俱进、因势利导、因地制宜，注重提高规划的编制效率和可操作性。

4. 规划制订控制过程，实施手段更加丰富

规划具有宏观性、战略性、长期性的特征。改革开放初期，交通运输发展主要是通过计划中具体量化的目标值来衡量。量化目标型的计划制订在一定时期内督促和激励了我国交通运输事业的发展，但注重结果的发展模式使得规划在实施过程中为达目的而缺乏系统性、可持续性。在发展中，交通运输规划的制订从目标终极型向过程实施型转变，根据背景、条件等的变化给予规划执行一定的适应性和弹性，也给予规划实施更大的灵活性，以提升规划的实用性和可持续性。

（二）我国交通运输规划编制关注的重点

改革开放以来，交通运输规划作为我国整体发展规划体系中的重要组成部分，在承接经济社会总体规划的同时，需要与其他领域规划相互衔接。随着经济社会的不断发展，交通运输规划中其他领域的互动也更加突出，受制于生态环

保、国土开发等要求，也需要更加充分地考虑经济发展、产业布局等内容。

1. 以增量规划为主，逐步转向增量和存量规划并重

规划说到底是对有限资源的配置。改革开放40多年来，以增量扩张为主的规划扩张弊端逐步显现，可供开发的资源数量不断减少，其影响也逐步传递到交通运输规划。以国土开发为例，以往的增量规划逐步向存量空间管控转型，对交通运输用地的限制也逐步严格，在结构布局方面，由"功能性用地"向"用地调功能"转移；在规模控制方面，由用地总量控制向建设总量控制转移。因此，交通运输规划也必须在遵从于整体规划限制下有所折中，交通运输规划发展的优先发展位势逐步缓和。

2. 作为"先手棋"，交通运输规划视野从国内拓宽至全球

随着我国经济发展水平的不断提升，我国的战略规划布局由国内逐步延伸至全球，交通运输作为我国参与国际竞争合作的"先手棋"，其规划作为"前哨"参与到全球布局之中。同时，众多发展中国家学习和借鉴改革开放40多年来积累发展的"中国经验"，选择"中国方案"，以国家发展改革委综合运输研究所近年来参与的亚洲、非洲、南美洲等国家发展规划为代表，交通运输规划连同其他领域规划，作为技术服务输出，推动着其他发展中国家的发展进步。

3. 发展不平衡不充分矛盾成为规划内容重点

中国特色社会主义进入新时代，我国社会主要矛盾是人民日益增长的美好生活需要和不平衡不充分的发展之间的矛盾。改革开放40多年的发展，我国规划体系的立足点不再是满足物质短缺下的人民物质生活需求，而是着力突破不够充分、不够均衡问题，使发展成果切实惠及广大人民。基于此，围绕城乡一体化、协调发展等缩小发展差距的关键领域成为发展重点，也成为交通运输规划制订中的重要遵循。

4. 交通网络日臻完善下交通运输系统协调优化的要求急迫

交通运输规划重点由网络建设逐步转向系统优化。改革开放40多年的发展较好地推动了我国交通运输网络布局，并能够基本适应经济社会发展。当前规划重点从"连通"变为"畅通"，结合整体发展需求，对系统进行优化，在发挥各运输方式经济技术优势的同时，推进系统的综合效益和整体效率提高，推动经济高质量发展，构建交通强国。

5. 规划编制实施中生态环保压力日益严格

改革开放 40 多年来，生态环境因素在规划制订中的重要性不断提升。以近年来实行的"蓝天保卫战"为典型，为建设美好生态环境，交通运输领域规划编制实施均向生态环境建设倾斜，各级政府纷纷出台了相关政策，其中就包括运输结构调整等部署，围绕相关部署，对规划内容、理念进行了调整，并根据具体领域情况，进一步加大了相关规划的落实力度，以生态环境发展需求对规划发展提出要求。

6. 新技术新经济新业态发展趋势突出

改革开放 40 多年来，交通运输领域新技术、新经济、新业态频现，及时响应新供给、新需求，营造良好发展环境成为规划中越来越重要的部分。尤其是近年来的"互联网+交通"模式发展迅猛，中国在共享经济等交通运输相关的新经济新业态中成为世界范围内的拓荒者，在规划中，需要对其进行有效回应，审慎与包容兼具，推动新技术广泛应用，引领新经济新业态可持续发展。

三、交通运输规划经验

（一）形成了良好的规划实施机制

整体来看，规划体系自身在改革开放进程中不断调整的同时，为保障规划的顺利实施，也已形成了一套较好的规划执行机制。

1. 形成研究评估调整的动态模式

开展交通运输规划的前期研究，深入分析重点问题，对集中存在的潜在问题进行大量的前期研究，为规划编制提供了有力支撑。同时，在规划实施过程中建立评估模式，总结和反馈具体情况，建立起动态调整和修订模式，对强制性和约束性目标进行调整，以提高交通运输规划实施的合理性和可操作性。

2. 建立起有效的规划实施政策保障体系

联系规划发展中的实际需求，构建围绕规划实施的政策保障体系。结合使用行政手段、经济手段，增强规划体系的执行力和约束力，打通既有政策体系对于规划实施的桎梏和壁垒，畅通规划实施过程。充分发挥中央财政资金导向作用，为规划重点任务领域营造良好的政策保障体系。近 10 年来的发展最为典型，规划设置专门章节指导规划实施，规划的实操性越来越受到规划编制单位的重视。同时，围绕对接和落实，强化规划组织实施，健全政策支持体系，强化组合政策支持保障，将规划作为项目审核的重要依据，确保规划的权威性。

（二）不断完善规划理念与体系

1. 适时调整规划理念和机制

这是我国计划规划发展的核心特点，始终贯穿于交通运输规划过程中。改革开放以来，我国交通运输规划的预见性不断提升，规划"调控"和"指导"不断协调，规划的导向作用不断增强。

2. 强化规划目标的精准性

从过去单纯量化目标转变为"兜底红线"性质的硬约束和体现发展方向预期性软指标的"软硬"结合。紧抓交通运输领域发展的主要矛盾和重点领域，对经济社会发展和人民关心的重点问题做出回应，设定相应的规划目标。

3. 完善规划内容与体系构成，形成规划"组合拳"

根据交通运输领域涵盖内容众多等特点，构建长短结合、总分协调的规划体系，形成整体优势。

4. 加强规划衔接，形成合力

围绕交通运输功能和作用，通过不断调整规划内容，保持与经济发展要求相互匹配，并结合实际需求变化进一步提升支撑引领作用。依托综合交通运输体系规划统筹分行业分领域规划，实现分方式规划间的脉络串联，汇成源源不断的发展合力。

（三）拓宽规划视野和融合发展

改革开放40多年来，交通运输与经济社会发展日益深入。在规划中，必须跳出传统交通运输自身发展的角度，从经济社会整体发展出发，充分地将交通运输发展与产业布局、经济运行、城镇建设、进出口贸易及生态环境等结合起来，将交通运输发展紧密扣入发展大环境，提高规划站位。

交通运输作为经济社会发展中重要的服务性行业，需要根据经济社会发展变化不断顺应新需求。经过40多年的发展，交通运输规划对于日益凸显的绿色化、智慧化、融合型发展的响应和保障能力不断提升。以综合交通运输体系规划为例，不仅通过完善综合运输网络使交通运输更有效地与我国产业布局相适应，为高质量发展提供支撑，还针对新经济新业态发展，转变综合运输体系规划发展模式和路径，在绿色发展、信息化、智慧化、融合发展方面，通过运输结构调整、新技术应用和管理模式创新等内容的改进和完善，推动交通运输与经济社会深度融合发展。

（四）提升交通运输规划领域全域的引导能力

改革开放 40 多年来，基础设施建设发展始终是规划的主要内容，但重设施轻服务、重建设轻运行的情况仍然存在。随着我国综合交通运输网络逐渐成形及人民对美好生活的需要日益增长，以往着墨较少的服务、组织、运行等方面成为未来需要重视的重点领域，须提升交通运输规划对于全局的指导能力。

（五）规避规划中的路径依赖

我国交通运输规划主要围绕基础设施建设和布局，指导我国交通运输快速发展，使我国成为交通大国，虽然传统规划路径取得了显著效果，但并不是能永久解决我国交通运输规划问题的"万灵药"。在未来的发展中，应着眼新时期新要求，从交通大国转向交通强国，需要依托规划引导适时转换发展路径，跳出以往发展路径依赖的"舒适区"，全面提升交通运输发展水平，将我国建成交通强国。

第二章　交通运输需求与供给

交通运输需求与供给是构成运输市场基础的两个关键要素。需求指的是社会经济活动中产生的对运输服务的需要，它受到价格、收入水平、运输服务质量等多种因素的影响。供给则涉及运输服务的提供能力，包括运输工具、基础设施、技术以及运输企业的运营效率。在理想状态下，供需平衡能够确保运输资源的有效分配和运输服务的合理定价。然而，实际市场中供需往往受到多种外部条件的影响，这些因素可能导致供需失衡，进而影响运输市场的稳定性和运输服务的可持续性。因此，对交通运输需求与供给的深入理解对于制定合理的运输策略和优化运输系统至关重要。

第一节　交通运输需求

一、交通运输需求概述

交通运输需求来自社会与经济的发展，它与运输条件和运输价格有关，是进行运输基础设施建设和组织运输生产活动的基本依据，也是进行运输经济学研究的出发点和基础。

（一）交通运输需求的概念

"需要"是指人类及其他生物体没有得到某些基本满足的感受状态，是主观感受。"需求"是经济学中的一个概念，是指在一定的时期内，既定的价格水平下，消费者有能力购买并且愿意购买某个具体产品的欲望，是客观的实物体现。需求可看作是具体条件、具体时间、具体环境约束下需要的具体体现。没有需要，需求便无从谈及，需要是需求的基础；人的同一需要可以反映为现实生活中各式各样的需求，需求是需要的具体体现。交通运输需要是货主或旅客在主观上实现空间位移的意愿，而交通运输需求则是这种意愿中货主或旅客有支付能力、能够实现的部分。即交通运输需求是指运输服务的购买者在一定时期内，在一定的价格水平下，为实现空间位移的要求，愿意而且能够购买的运输劳务量，是交通运输需要与消费者购买能力和生产者供给能力的有机统一体。只有在消费者主观上产生交通运输需要、经济上能够支付得起这种交通运输服务，交通运输需求才会产生。只有在所有的需要都有能力支付时，交通运输需要才等于交通运输需求，所有的需求都能被市场供给满足时，交通运输需求等于交通运输量。三者关系是：交通运输需要≥交通运输需求≥交通运输量。

对于每一个具体的交通运输需求来说，在扩充已有的流量、流向、流程、流速之外，补充为以下六个方面的内容：一是对象，即运输对象，指运输的货种或旅客的类型；二是运价，即运输价格，指运输单位货物和单位旅客所需的运输费用；三是流量，即运输需求量，指货物或客运需求的规模和数量，通常以货运量（吨）和客运量（人、人次）来表示；四是流向，即货物或旅客空间位移的空间走向，表明货物或旅客运输产生地和消费地；五是流程，即运输需求的距离，指货物或旅客进行空间位移的起始地与到达地之间的距离；六是流速，货物或旅客的送达速度，即单位时间内的平均位移距离。

（二）交通运输需求的分类

根据不同的标准，交通运输需求可被划分为不同的类型。

1. 根据运输对象的不同可分为货物运输需求和旅客运输需求

（1）货物运输需求的种类：根据货物的类别，货物运输需求（简称货运需求），可分为普通货运需求和特殊货运需求。普通货运需求指所运输货物都是生产和生活中常见的生产资料与消费资料，运输需求量大且比较平衡稳定，在运输过程和保管、装卸过程中没有特殊的要求；特殊货运需求指所运输货物大都是长、大、笨重货物，危险品，鲜活易腐货物等，在运输和保管过程中有其特殊的要求，如果没有特殊的保护措施和技术手段，则难以满足其运输需求。相对来说，特殊货运需求较小，且稳定性较差。

根据货物的产品属性，货运需求可分为工业品运输需求和农产品运输需求。工业品运输需求的特点是数量多，需求稳定；农产品因其比较分散，且季节性较明显，一般表现为运输需求量集中且比较单一。

根据货物的时效性，货运需求可分为快件货运需求和普通货运需求。快件货运需求的货物运输服务对时间要求高，其时间价值一般比普通货运需求的货物时间价值高。

根据一次所要运输的货物批量，货运需求可分为零担货运需求和整车货运需求。零担货运需求是指当一批货物的重量或容积不满一辆货车时，可与其他几批甚至上百批货物共用一辆货车装运。零担货运需求的显著特点是一次承运的货物批量小且目的地多。整车货物运输是指一批货物的重量、性质、体积、形状需要以一辆或一辆以上货车装运。整车货运需求的特点是批量大，且需求满足较为容易。

根据流程的长短，即运输距离的长短，货运需求可分为长途货运需求和短途货运需求。中、短、长途的定义会由于运输方式的不同而改变。就公路运输而言，国家规定 200 千米以上为长途运输，50 ~ 200 千米以内为中途运输，50 千米以内为短途运输。长途货运和短途货运相比，运距较长，装卸作业、办理手续等方面简单，形成的运输周转量大，而短途货运需求则相反，装卸频繁，且形成的运输周转量小。

（2）旅客运输需求的种类：根据旅客出行目的不同，将旅客运输需求，即客运需求分为普通客运需求和旅游客运需求。普通客运需求大都是探亲、访友、出差等，因而运输需求者基数巨大，运输需求量也相对稳定。旅游客运需求的运输范围一般为城市之间、城市和风景名胜之间，线路特殊。旅游客运需求对运输服务的要求更高，季节性更加明显，波动性较大。

根据旅客的时间要求不同，客运需求可分为直达快运需求和一般客运需求。直达快运需求的在途时间较少，其票价也相对较高。

根据运输距离，客运需求可分为长途客运需求和短途客运需求。由于出行需要、出行目的地不同，长途客运需求相比短途客运需求的出行频率低。

此外，客运需求还会受客运服务质量的影响而改变。舒适的车辆、周到的旅途服务等会给旅客十分满意的精神感受；相反，设施低劣的车辆、不良的旅途服务会给旅客带来某种精神上的不适。因此，旅客出行选择必然会有所不同。

2. 根据运输需求的范围可分为个别需求、局部需求和总需求

（1）个别需求是指在一定时期内，在一定价格水平下，许多性质不同、品种不同、运输要求相异的具体需求。从货运来看，这些个别需求，在重量、容积、形状、包装及质量管理上各有特点，在运输过程中必须采取相应的技术措施，才能满足这些个别需求；并且它们在运输速度、运输规则、运输价格等方面的要求也各不相同。从旅客运输来看，不同的出行目的和不同属性的出行者，具有不同的运输服务要求。例如，商务出行注重的是运输服务的快捷性，而旅游出行对运输的舒适度的要求更高，所以个别需求存在异质性。

（2）局部需求是指特定地区的运输需求，这是一个中观经济范畴。我国国土辽阔，因不同地区的经济发展水平、自然条件差异和人口状况的不同，各地区所产生的运输需求也不同。例如湖北武汉处于华中地区，毗邻长江，具有良好的地理位置和区位优势，因此，武汉可以是华中地区货物及旅客运输的中转枢纽，运输需求量较大，需要五种运输方式相互配合；西部边远山区地理位置欠佳，且无水运可利用，运输需求量较少，因而以铁路、航空运输需求为主。

（3）总需求是由所有个别需求与局部需求构成的。个别运输需求是有差异的，具有异质性，但总需求是有规律的，是社会经济的派生需求，都是实现货物或旅客的空间位移。运输总需求变动的一般规律为：经济发展初期，运输需求的增长速度快于工农业生产的增长速度；从经济发展的长期趋势来看，工农业生产的增长速度将逐渐快于运输需求的增长速度；工农业生产增长速度与运输需求增长速度的比例关系，在各种运输方式中的表现各不相同。

3. 根据运输区域分为区域内运输需求、区域间运输需求和过境运输需求

（1）区域内运输需求是指旅客运输、货物运输的起始点和终点都在同一区域时的需求。它是该区域的社会经济活动派生出来的，是一种最基本的运输需求。

（2）区域间运输需求是指起点在一个区域而终点在另一个区域的运输需求。它是区域间经济、文化和社会发展之间联系的体现。区域间的运输需求越大，各区域间的经济、文化和社会发展关系越密切。

（3）过境运输需求是指运输需求的起点、终点都不在同一区域，但运输对象利用了该区域内的运输线路而完成其位移。过境运输需求与该区域的经济、文化和社会发展没有直接关系，它的大小主要取决于这一区域的地理位置和其交通

通行能力。例如武汉地处华中地区中心，交通运输网络四通八达，每年都有来自各地的货物（旅客）经这里中转前往其他地区，这部分运输需求属于过境运输需求。

4. 根据运输方式可分为铁路、公路、水路、航空、管道和联合运输需求

（1）铁路运输需求是指长途旅客和远距离、大宗货物需要利用铁路轨道运输快速可靠、运量大的特点来满足的运输需求。

（2）公路运输需求是指中短途、小批量、机动性较强的集散货物需要利用公路运输在技术和经济上都具有灵活性的特点来满足的运输需求。

（3）水路运输需求是指煤炭、粮食、矿物建材等大宗散货运输及国际贸易方面需要利用江河湖泊和海洋的"天然航道"所进行的廉价、大运量的运输需求。

（4）航空运输需求是以航空运输便利快捷、舒适安全等特点来满足那些时效性强的旅客和贵重货物的运输需求。

（5）管道运输需求主要指油、气等液体货物的运输需求。

（6）联合运输是综合利用某一区间内各种不同运输方式的优势进行不同运输方式的协作，使货主能够按一个统一的运输规章或制度，使用同一个运输凭证，享受不同运输方式综合优势的一种运输形式，如铁公水联运、铁公联运、铁水联运、公水联运和公航联运等。运输供给者通常需要提供完整的运输产品，即在一定的时间期限内，利用一种或多种运输工具，实现客户所需要的从起始地到最终目的地的货物位移服务。联合运输是社会发展的必然要求，也是交通运输业发展的共同方向。

5. 根据运输需求性质分为生产性运输需求和消费性运输需求

生产性运输需求是与人类的生产、交换、分配相关联的运输需求，包括货物在生产过程中的流通、人们上班出行等以生产、生活为目的各种运输需求。消费性运输需求是指以消费为目的运输需求。一般情况下的货运需求属于生产性的运输需求。而客运中有生产性的运输需求，如飞机商务出行、乘车上下班等；也有消费性运输需求，如探亲、旅游、购物等各类休闲旅行，这一般由个人支付运输费用。从经济学的意义上来说，这两种需求产生来源存在差别，生产性运输需求是生产活动在流通领域中的继续，可产生效益或创造财富，其费用计入产品或劳

务成本；消费性运输需求消耗社会财富，费用来自社会、个人的消费基金。

（三）交通运输需求的基本特征

交通运输产品与其他产品相比有其特殊性，交通运输需求也因此具有其独特性，主要表现在以下六个方面：

1. 非物质性

人们对商品的需求是有形的物质性的需求。这种需求主要通过物质产品本身效用的实现得以满足。而运输需求的实现则不同，消费者支付货币后，实际消费的并非有形的物质产品，而是无形的非物质性的空间位移。

2. 派生性

在人们的实际需求中，存在着包括运输需求在内的各种各样的需求。这些需求可分为两大类：一类是直接性需求，或称本源性需求；另一类是间接性需求，即派生性需求。经济生活中，如果对一个商品和劳务的需求是由另一种或几种商品或劳务的需求所衍生出来的，则称该商品或服务的需求为派生性需求，引起派生需求的商品和劳务的需求为本源性需求。货运需求的派生性十分明显，因为货物运输只是实现某个其他需求的一个不可缺少的中间环节，最终目的可能是对其进行加工或运到市场进行销售等。对旅客而言，乘车不是其最终需求，而是以此来实现空间位置的改变，最终满足其探亲访友、上街采购等其他的需求。

综上所述，货主、旅客产生位移需求的意义不在于位移本身，而是为实现其生产和生活中的其他需求。

3. 总体需求规律性

交通运输需求产生于人或物对空间位移的需要，产生于人类生活和社会生产的各个角落。运输业作为一个独立的社会生产部门，是绝大部分生产活动的基础，因此，与其他的商品和服务的需求相比，运输需求是一种具有普遍性、广泛性的需求。

由于社会经济的发展具有一定的规律性，因此，起源于社会经济活动的运输总需求也具有规律性。通常，经济繁荣会带来运输总需求的增长，经济萧条则会带来运输总需求的下降。

4. 个体需求异质性

对于货运需求，运输服务供给者要满足不同重量、尺寸、形状、性质的货物的位移需求，就必须提供各种类型的运输工具和采取不同的技术措施。例如，鲜活货物须用冷藏车运输，易燃、易爆等物品需要专门的特殊车辆进行运输，且对运输过程中的装卸、搬运、运输路线选择等都有严格的要求。就旅客运输而言，由于旅客的出行目的、收入水平、职业等不同而形成了不同的客运需求，如学生运输需求、农民工运输需求、旅游运输需求、普通运输需求、通勤运输需求等。此外，各种运输方式都有其自身的优点，因此可满足与之相对应的运输需求。而每一种运输方式内，也因运输工具的差异而形成运输需求的差别，如豪华高档车和中、低档车，以及大型和中、小型车的差别等。这些都体现了个体需求的异质性。

5. 不平衡性

由于运输需求的时空特定性，即运输需求是运输消费者在指定的两点间、带有一定方向性和时间性的需求，这就导致了运输需求的不平衡性。运输需求的不平衡性主要体现在一定的时期内运输需求的时间分布和空间分布是不平衡的。

对于货运来说，由于地区经济发展水平、运输网络布局、自然资源的分布、生产力情况的布局等原因造成了运输需求在方向上的不均衡，表现为空间上分布的不均衡状态。由于货物原产地的特殊性或者独有性，运输需求往往呈现出在某一方向上的趋势。例如天然气在我国西部比较充沛，而在能源需求较大、经济发达的东部则比较稀缺，那么，在我国境内，天然气的运输需求会呈现出这种空间上的不平衡性。

6. 效果同一性

交通运输需求的效果同一性，是指某一运输需求可以由不同的运输方式与运输企业来满足。对于运输需求者而言，所需的都是改变空间位置这一基本效用，由此体现出能实现这一效用的运输企业、运输方式的可替代性。例如，目前的铁路、公路、水运、航空、管道五种运输方式都可进行货物运输，铁路、公路、水运、航空四种运输方式都可进行旅客运输。在同一运输通道中，同一运输需求完全可以通过不同的运输方式来满足，这就是运输方式竞争的基础。同类型的不同运输企业可以满足同一运输需求，这就是运输企业竞争的基础。

在实际运输活动中，运输需求的效果同一性体现出的"可替代"现象确实是客观存在的，但可替代程度是可以降低的。不同的运输方式有不同的技术经济特征，不同的运输范围也使得不同运输方式有不同的经济效果；同一运输方式内的不同交通运输企业之间，也会因服务质量、运费水平高低等而形成差别。

二、交通运输需求分析

（一）交通运输需求的影响因素

交通运输需求受到较多因素的影响，充分了解这些影响因素，对于把握运输需求的变化极其重要。

1. 影响货运需求的主要因素

（1）经济发展水平

交通运输需求是由社会经济活动这一本源需求引起的派生需求，其大小首先决定于整个社会经济规模和经济发展水平。因此，经济发展水平对运输需求的影响是不言而喻的。

一般情况下，经济繁荣会带来运输需求的增长，经济萧条则会造成运输需求的下降。当经济高速增长时，物质生产部门的产品数量也相应呈现增长的趋势，商品流通范围扩大，就会对货运产生强烈的需求，货运市场则出现繁荣的景象；反之，经济发展缓慢，商品流通范围缩小，货运市场出现萧条和不景气。经济发展水平对交通运输需求的影响具体体现在：①一个国家和地区的经济规模越大，运输需求越大，反之则越小。②一个国家或地区经济发展阶段不同，对运输的需求在数量和质量上也都有很大的差别。③不同国家或地区之间经济发展的不平衡会导致运输需求的不平衡，体现出运输需求的层次性。例如中西部经济欠发达地区大宗货、散货运输需求占主导地位，而东部发达地区则由集装箱货物运输、高附加值货物运输需求占主导地位。

（2）自然资源的分布与生产力布局

经济活动的进行依赖着特定的自然条件，但地区性分布不均衡的自然条件不以人的意志为转移，于是便产生了相应的货物运输需求。

自然资源分布的状况与生产力布局相互影响。生产力布局合理化的重要原则之一，是使生产地尽可能地接近原料、燃料的产地，但资源分布的不平衡性决定了这将不可能完全实现。因此，在原料、燃料产地存在了大量对外运输需求。同理，当生产地与消费地分离时，也会产生相应的货物运输需求。

生产力布局对货运需求的影响主要表现在货物的流向、运距和流量上。目前的生产力布局已经成形，且在短期内不会有太大的变动，因此，生产所需的原材料产地、生产加工地和产品市场地之间的距离已经确定，即货物的流向和运距不会有大的变化，只有流量会因生产发展的状况而出现变化，也就是说，生产力布局在短期内不会对货运需求产生实质性的影响。但如果从长期来看，生产力布局对货运需求的影响将得以凸显，新的生产加工中心、销售中心的形成，原材料产区的发现、变更等都会使货运需求发生大的变化。

（3）产业结构和产品结构

产业结构是指不同产业在整个经济中的比例关系，如农业、轻工业和重工业的比例，第一、第二和第三产业的比例等。宏观来看，产品结构是一个国家或一个地区的各类产品在国民经济中的比例关系；微观来看，产品结构是一个企业生产的产品中各类产品的比例关系。通常产品结构分为工业产品与农副产品，重工业产品与轻工业产品，进出口产品与内销产品，高档产品、中档产品与低档产品，老产品与新产品等的比例关系。

国民经济产业结构和产品结构的不同造成量与质不同的运输需求。不同的产业结构决定了不同的产品结构，不同的产品结构意味着不同的货物结构，不同的货物结构形成了不同的运输需求。以煤炭、石油、粮食、矿石等原材料、能源之类的基础产业产品为例，它们的特点是附加值较小，运距较长，运输需求量较大；作为最终产品、消费品的加工业、深加工业产品，它们的特点是附加值高、运距较短，一般是从最终产地分散运输到消费地，运输需求较小。

（4）产品的商品化率和就地加工程度

货运需求主要来自商品流通，因此，如果一个国家或地区的生产社会化程度高，产品的商品化率高，其产品流通的规模较大，产生的运输需求就多；相反，如果产品的商品化率低，同样数量的产品就不会形成较多的运输需求。例如，过去我国的粮食生产，商品化率较低，农民生产的粮食除交售国家的部分外，其余部分都就地存放起来。由于这部分粮食不参与流通，因而不能形成货运需求，但自从改革开放后，特别是粮食生产管理体制变革后，粮食流通的规模和范围大大增加。事实上，这些年来，我国货运需求大大增加的原因之一，是市场经济发展带来的生产社会化、商品化程度的提高。

产品的就地加工程度也是影响货运需求的一个重要因素。若某种产品从初级产品到最终产品，不需要中间产品在加工地之间的运输，则几乎不产生货运需求。随着最终产品的形成，各种废料的剥离，形成的运量也会大大降低；相反，若产品的就地加工程度较低，则中间产品的地区间往来必然形成较多的运输需求。

（5）货运运价水平

货运需求对货运运价水平的变动是有弹性的，运价水平的变动对货运需求的变动有着直接的影响。运价水平的高低意味着货主所支付的运费水平的高低，而运费作为其产品生产成本的一部分，将影响其产品成本的高低，继而影响产品的售价和盈利，以及产品市场竞争能力。同时，运价水平通过影响商品市场范围的变化，也影响着货运需求的增加与减少，较低的运费能使同一商品运往更远的地方参与竞争，必然形成较多的货运需求。一般而言，运价水平下降，运输需求则上升；运价水平上升，运输需求则下降。

（6）交通运输行业的发展状况

交通运输业的发展对运输需求的影响体现为刺激需求和抑制需求。如果交通运输业发展迅速，良好的运输网络系统可以使货畅其流，增大货运量，则使许多潜在的货运需求成为现实需求，现实需求能够刺激经济的发展，经济的发展又引起运输需求的增长，进而使国民经济良性循环；如果交通运输业发展滞后，则对货运需求产生抑制作用，进而抑制经济的增长，使国民经济陷入恶性循环。

（7）经济政策

国家的经济政策对短期内的货运需求有明显的影响。扩张性的经济政策刺激下，投资规模扩大，商品流通活跃，市场繁忙，货运运输需求急剧增加；相反，紧缩性的经济政策抑制下，经济增长速度放慢，货运运输需求明显减少。同样，国家产业政策如果发生调整，所扶持和限制的产业发生变化，导致整个产业结构的变化。产业结构的变化引起物质生产领域的各产业变化，直接影响货运需求。在外贸货物运输上，不同国家对外开放政策不同，对待国际贸易的态度不同，也会影响外贸货物运输需求：两国间关系友好时，两国间外贸货物运输需求将会增长；反之，两国间外贸货物运输需求会急剧减少，甚至中断。

2. 影响客运需求的主要因素

人们克服空间距离的阻隔，从事经济社会活动绝大多数要依赖各种运输工具来完成，随之便产生了旅客的运输需求。客运需求的影响因素主要有以下六点：

（1）经济发展水平

经济发展水平直接影响生产性的客运需求。生产性客运需求，如外出采购原材料、业务洽谈、技术交流、推销产品、参加会议等所产生的出行要求。从静态角度看，通常经济发展水平高的国家和地区，旅客运输需求水平就高；相反，经济发展较落后的国家和地区，旅客运输需求水平就较低。从动态角度看，经济高速发展的时期，旅客运输需求就较快增加，大量的人员因生产或工作需要而频繁外出；相反，一旦经济水平处于较低的发展时期，人们出行的频率相应会降低。此外，经济发展水平还通过影响人们的收入和消费进而影响生活消费性的客运需求。因此，经济发展水平同样是影响旅客运输需求的一个总量性因素。

（2）居民的收入水平

除了生产性和工作性客运需求外，大部分客运需求，如探亲、访友、旅游、外出休养等，是生活消费性客运需求。近年来，我国的客运平均运距增加、客运需求大幅稳定增长，实际上是收入水平提高的影响。需求是需要和支付能力的统一，因此，要受到收入水平的制约，会随人们收入水平的提高而增加。有限的收入在被安排满足需要时，必然是先满足基本需要，再满足高层次的需要。因此，收入水平提高，运输需求量增加，出行需求层次也会相应提高，体现为一般性的出行需求增加，旅游运输需求和其他社交方面的出行需求也会增加。

（3）人口的数量及结构

旅客运输的对象是人，因此，人口的数量变化必然会引起旅客运输需求的变化。人口密集的国家或地区，旅客运输需求水平普遍高；人口稀疏的国家或地区，旅客运输需求水平普遍低；人口数量增加时，旅客运输需求相应增加。此外，人口结构对旅客运输需求产生的影响比人口数量的影响更加突出。同样数量的人口，不同的人口结构，形成的运输需求量不同。例如，城市人口因大都从事各种工业、商业和服务业等工作，出行的频率要比生产单一、集中的农村人口形成更多的客运需求；同样，高收入的人口要比低收入的人口形成更多的旅客运输需求，中青年人口要比老年和少年等非就业人口形成更多的客运需求。因此，分析不同人口在总人口中的比重及变化，对分析客运需求来说，有极为重要的意义。

(4) 旅游业的发展状况

随着社会经济的发展，特别是人民生活水平的提高，旅游需求在整个生活需求中的比重增加，因而旅游业被称为"无烟工业"。与旅游发展密切相关的就是旅客运输需求的增加。实践证明，旅游运输需求比一般的客运需求更具潜力。因此，在分析一国，特别是一个地区的旅客运输需求的发展变化时，也要重视本地旅游业发展，不仅要考虑本地旅游资源的数量，而且要考虑旅游资源的等级，以判别其对国内外游客的吸引力大小，进而采取各种措施提高旅游客运需求的份额。

(5) 经济政策与经济体制

国家经济政策对旅客运输需求有重要的影响。例如改革开放支持农村剩余劳动力流动的政策，鼓励大量农村人口进入城市进行经济活动，对旅客运输的需求产生了很大的影响。经济体制对客运需求的影响也巨大。市场经济的发展，加大了人口的流动性，促进了客运需求的增长。此外，市场经济体制下的自由就业，相对加快了人口流动，也因此加大了客运生成密度和客运强度。

(6) 客运运价水平

客运运价水平对客运需求的影响和货物运价水平对货运需求的影响基本相似。客运运价水平的高低直接影响到旅客支付能力的大小，从而引起客运需求量的变化。对生产性旅客来说，运价计入企业的生产成本中；对消费性旅客来说，运价水平高低直接影响生活开支。尽管旅客运输需求是一种派生需求，对运价的弹性相对较低，但运价提高时旅客运输需求自然会减少，运价下降时，旅客运输需求也会有一定的提高。在同一运输通道中，在运送安全、经济和舒适程度相近的情况下，消费者总是愿意选择运价低廉的运输方式，而某一种运输方式的运价调整和变化也会导致各种运输方式的客运需求结构的变动。此外，运价水平对个别企业的市场占有率来说，影响作用是很大的，一旦某个交通运输企业提高运价，运输需求会转移到其他未提价的交通运输企业。

（二）运输需求变动的一般规律

运输需求起源于社会经济活动，而社会经济的发展具有一定的规律性，因此，运输需求也具有规律性。通常，经济繁荣带来运输需求的增长，经济萧条导致运输需求的下降。

1. 运输需求在时效性上的波动性

一般而言，时效性强的货物，运输需求的价格弹性较小；时效性弱的货物，运输需求弹性较大。例如对于易腐货物，货主宁愿选择快速高价的运输工具尽快把货物运往市场，否则会因时间延误使货物本身遭受损失。在消费方面，有季节性要求的货物也具有时效波动性。对旅客运输需求而言，为了生产、工作、上学等发生的旅客运输需求，其必需程度相对较高，时效性较强，其运输需求的弹性较小，运价的变化对这部分的运输需求所产生的影响较小。为了旅游、娱乐等而产生的运输需求，其必需程度相对较低，时效性相对较弱，因而这类旅客运输需求对运价的弹性较大。

2. 运输需求在波动中呈上升趋势

无论是货运需求还是客运需求，其变化都是在波动中呈上升趋势。首先，由于社会经济不断发展，作为社会经济发展派生物的运输需求也必然不断增加；其次，尽管货运需求和旅客运输需求总体呈上升趋势，但这种上升趋势是波动上升的，而且波动无法避免，具体表现为：一年之内的不同季度、不同月份，一月之内的不同周、日，以至于不同年份之间等，运输需求量的分布不均衡。从货运需求的波动看，其根本原因在于物质产品生产和消费的季节性。有些产品生产有季节性，消费却是均衡的，如粮食。有些产品生产均衡，消费却有季节性，如化肥、农药，以及大多数工业产品。有些产品则生产和消费都具季节性。从旅客运输需求的波动看，其根本原因是旅客生产、工作、学习、探亲活动的季节性。

3. 运输需求波动增长中呈现差别

不同的运输需求种类，其波动程度的大小是不同的。因此，有的运输需求增长较稳定，有的运输需求则大起大落。造成这种现象的主要原因是不同的运输需求有不同的需求弹性。旅客运输需求比货运需求稳定，普通客运需求比旅游运输需求稳定。货运需求中不同货物的运输需求的波动程度也不同。由于运输需求的波动程度不同，意味着运输市场的稳定程度有大有小。了解运输需求变动的这一特点，可以根据一定时期不同运输需求，采取相应的措施，以赢得更多的市场份额，特别是针对某个地区的运输需求进行分析时，更应注意这一点。

4. 运输需求变化与运输供给变化的不一致性

在运输市场中，需求和供给经常会同时发生变动。但由于运输供给通常是比较稳定的，而运输需求却在波动中变化，运输需求的增长是呈连续型增长，而运输供给的增长通常是跳跃式增长，增长方式的不同也导致了运输需求变化与运输供给变化的不一致性。但最终，运输需求和运输供给会通过相互影响，在价格机制的调节下，实现需求和供给的均衡。

第二节　交通运输供给

一、交通运输供给概述

交通运输供给是运输市场中与交通运输需求相对应的一个重要范畴。它影响着运输方式的选择、运输费用的高低及运输服务质量的优劣等。因此，必须准确理解交通运输供给这个基本概念。

（一）交通运输供给的概念

一种物品的供给是指厂商在一定的价格水平下所愿意出售的物品或服务的数量。供给包含两个层次的含义：微观层次上，表示一家厂商在一定价格水平下所愿意出售的物品数量；宏观层次上，指市场中所有厂商在一定价格水平下愿意提供的物品总量，又称市场供给。因此，交通运输供给的概念也包含这两个层次的含义。

交通运输供给是指在一定的时期内，在一定的价格水平下，运输生产者愿意并有能力提供的各种运输产品或服务的数量。在市场经济条件下，交通运输供给的实现必须具备两个条件：一是运输生产者有提供运输产品或服务的愿望；二是运输生产者有提供这种运输产品和服务的能力。缺少任何一个条件，都不能形成有效的交通运输供给。从微观层次上，单个运输生产厂商所愿意提供的运输产品数量与该产品的价格和成本有关。从宏观层次上，运输产品市场总供给取决于市场中该运输产品生产者的数量和每个厂商所能够与愿意提供的产品数量。

与交通运输需求类似，对于每一个具体的交通运输供给来说，一般也包括以下六个方面的内容：一是对象，即运输对象，指运输的货种或旅客的类型；二是流量，即运输供给量，指货物或客运供给的规模和数量，通常以货运量（吨）和客运量（人、人次）来表示；三是流向，即货物或旅客空间位移的空间走向，表明货物或旅客产生地和消费地；四是流程，即运输供给的距离，指货物或旅客进行空间位移的起始地与到达地之间的距离；五是流速，货物或旅客的送达速度，单位时间内平均的位移距离；六是运价，即运输价格，指运输供给者所提出的运输单位货物或每位旅客所需的运输费用。

交通运输供给结构主要指公路运输运力、铁路运输运力、水路运输运力、航空运输运力、管道运输运力分别占五种运输方式总运力的比例。它反映了五种运输方式运力之间的数量关系，以及各层次运输服务供给的数量和比例关系。

交通运输供给的能力由交通基础设施和运载设备两个部分构成。铁路、公路、航道、管道等运输线路以及车站、港口、机场等交通基础设施形成了交通运输供给的物质技术基础，是运载设备运行的载体；铁路机车车辆、汽车、船舶、飞机等运载设备和运输线路等基础设施共同构成了交通运输的生产能力。虽然在运输管理上，交通基础设施与运载设备的管理可能分离，但是在运输生产能力的形成上，它们是紧密结合、缺一不可的。

（二）交通运输供给的分类

交通运输供给按不同的分类依据可划分为不同的类型。

1. 根据运输供给性质分为生产性运输供给和消费性运输供给

运输生产者所提供的货物运输一般来说都属于生产性的交通运输供给，它属于生产过程在流通领域中的继续；运输生产者所提供的旅客运输既有生产性的交通运输供给，也有消费性的交通运输供给。前者包括为旅客外出务工、采购、推销等提供的交通运输供给；后者包括为旅客的休闲、度假、旅游等提供的交通运输供给。

2. 根据运输供给的范围分为个别供给和局部供给

（1）个别供给是指特定的运输生产者在一定时期、一定条件下，愿意并能够提供的运输产品或服务，它属于微观经济的范畴。在市场经济条件下，各个运输生产者由于经济成分和运输方式的不同，提供的产品和服务也会不同。

（2）局部供给是指某个地区的运输生产者所能提供的交通运输供给，或者是某种运输方式所能够提供的交通运输供给。它属于中观经济范畴。一般来说，经济发达地区运网密度较大，运输业比较发达，因而交通运输供给能力相对充足；而边远地区、经济落后地区的运网稀疏，运输业落后，所能提供的交通运输供给能力往往是不足的。

3. 根据运输区域分为区域内运输供给、区域间运输供给和过境运输供给

（1）区域内运输供给是指所提供的客货运输的起讫点都在某个特定的区域范围内。

（2）区域间运输供给是指客货运输的起讫点有一方在本地区，另一方则在其他地区，它是区域间建立经济、社会和文化等各方面关系的必要条件。

（3）过境运输供给是指客货运输的起讫点都不在本地区（或国家），运输生产者只是利用其自身所处的独特的地理位置和特定的交通线来为别的地区（国家）的旅客或货物提供空间位移的方便，与本地区的经济、社会和文化发展并不发生直接的关系。一般来说，此类交通运输供给在重要的交通枢纽和重要的运输通道上都会大量存在。

（三）交通运输供给的基本特征

交通运输业是一种特殊产业，具有不同于其他产业的特点，这使得交通运输供给与一般商品和服务的供给存在一定的区别。交通运输供给的基本特征主要包括以下七个方面：

1. 整体性

交通运输供给的整体性特征十分显著，主要表现在以下两个方面。

（1）交通运输基础设施的整体性。交通运输基础设施可分为两部分：运输线路（如铁路、公路、航道、管道等）和线路上的节点（如车站、机场、港口等设施）。这些基础设施是提供交通运输供给的物质技术基础，是运输设备借以

运行的载体，它们之间互相配合，构成不可分割的统一整体。基础设施的建设应该统一规划设计，如果设计和规划时没有整体概念，就会造成在一些地区或线路上的供给能力紧张，成为交通运输供给的"瓶颈"，从而影响整个网络的供给能力。

（2）交通运输设备的整体性。交通运输设备是指能够在一定运输线路上运行，并能在站、港、场等合适的地点停靠的运输工具（包括火车、飞机、轮船、汽车等）。运输设备也具有整体性，如一台机车的牵引能力为5000吨，但这条线路的货运量只有4000吨，在没有牵引力为4000吨机车的情况下，只能用牵引力为5000吨的机车去牵引4000吨的货物。

2. 产品不可储存性

交通运输业提供的产品是旅客或货物的位移，运输的生产与消费同时进行，因此，运输产品不可储存，只能储存运输能力。由于运输需求具有很强的波动性，因此，在一定时期内相对稳定的运输生产能力很难与运输需求和谐匹配，运输生产难以均衡，运输供求关系随着需求的波动经常发生变化，相应地造成交通运输企业均衡生产和服务质量控制的困难。

3. 外部性

如果某人或企业从事经济活动时给其他个体或社会带来危害或利益，而他们并未因此支付相应的成本或得到相应的报酬，经济学上将这种现象称为存在外部性。外部性指个人或企业不必完全承担其决策成本或不能充分享有其决策所带来的收益，即成本或收益不能完全内部化的情形。外部性分为两种类型：正外部性和负外部性。

交通运输具有强大的正外部性，主要体现在发达的运输可以带动周边区域的经济发展。"要想富，先修路"说的就是运输业的这种正外部性，它能使区域繁荣、商品价格下降、地价上扬，产生巨大的经济效益，这是其他商品无法做到的。一条运输线路的开通，会带动沿线很多产业的发展。例如一条航线的开通，会给当地带来旅游业的发展。

4. 公共性

交通运输供给的公共性主要表现在以下两个方面。

（1）在铁路、公路、航空、水运等运输方式中，都存在着大量的公共资本。

这些公益性的基本建设，大都由政府部门来投资。但这引起一些问题：公共资本投资所形成的成本比较难以分摊，一般不在相应运输方式和交通运输企业的营运成本中进行核算，通常所计算的运输成本中大都缺少公共资本所形成的成本。

（2）交通运输供给为全社会提供了"搭便车"的机会。例如一条交通线路的投入使用，不仅会给附近的工商企业、居民，甚至全社会带来诸多直接的方便和好处，使本不能满足的运输需求得到相当程度的满足，而且还会间接地为企业、居民和社会提供更好的经济环境。

5. 效果同一性

交通运输供给是由多种运输方式和多个运输生产者的生产能力共同构成的。几种运输供给方式或多个运输供给者可以对同一运输对象提供空间位移服务，这就是运输供给效果的同一性。运输供给效果的同一性使得运输需求者完全可以根据自己的意愿来选择任何一种运输方式中的任何一个运输供给者。运输供给的效果同一性也可以理解为运输供给的部分可替代性。由于运输供给的效果同一性，在同一方向、具有相同或相似技术经济特征的运输方式或交通运输企业所提供的产品就形成了较强的竞争态势。但是，由于运输产品在时间、运输方向、运输距离等特征上存在差异，旅客、货主对运输产品服务的经济性、方便程度、快捷程度等质量的要求不同，使得不同运输方式间或同一运输方式中不同交通运输企业间运输供给产品的效果同一性存在一定的局限，其相互之间的替代性受到限制。例如在国际贸易中大宗货物的远洋运输，一般只能选择海路的运输方式。因此，交通运输供给具有部分可替代性，它的替代性和不可替代性是同时存在的，运输市场的供给之间既存在竞争也存在垄断。

6. 不平衡性

交通运输供给不平衡性主要表现在时间上和空间上的不平衡。在时间上，由于运输需求的季节性不平衡，交通运输供给随运输需求淡旺季的变化而变化，导致交通运输供给出现高峰与低谷供给量的悬殊变化，因此，造成交通运输供给量在时间分布上的不平衡。

在空间上，由于世界经济和贸易发展的不平衡性或各地产业的不同特点，或一个国家内部地区之间经济发展的不平衡，经济发达国家（地区）的交通运输供给量比较充分，而经济比较落后的国家（地区）的交通运输供给量则相对滞后。交通运输供给需求要远远大于其他生产的不平衡性还表现在运输方向上，例如矿区对外运矿（如煤）的运力需求要远远大于其他生产及生活资料的内向运输；为实现供需时空结合，企业要经常付出空载行驶等代价。这种由于供给与需求之间在时间和空间的差异性所造成的生产与消费的差异，使交通运输供给必须承担运力损失、空载行驶等经济上的风险。

可见，在现实的运输服务过程中，交通运输供给与运输需求并不能完全匹配，交通运输供给或者满足不了运输需求，或者在满足运输需求的同时还有供给过剩。交通运输供给的平衡是暂时的、相对的，而不平衡是长期的、绝对的。

7. 网络经济性

在经济学中，规模经济（Economies of Scale）是指当固定成本可以分摊到较大的生产量时产生的经济性，是指随着厂商生产规模的扩大，其产品的单位成本呈现下降趋势。范围经济（Economies of Scope）是对多产品进行共同生产相对于单独生产的经济性，是指一个厂商由于生产多种产品而共同使用相关生产要素后所产生的成本节约。

交通运输业是以交通运输网络为基础的产业，从经济学角度来看，运输业的网络经济是由其规模经济和范围经济，以及它们的转化形态——运输密度经济、幅员经济共同构成。交通运输供给的规模经济，是指随着网络上运输总产出的扩大，平均运输成本不断下降的现象。运输业的范围经济，是指某一运输企业或某一运输网络或载运工具与分别生产每一种运输产品相比较，共同生产多种运输产品的平均成本可以更低的现象。交通运输供给的网络经济则是指在交通运输供给网络中，由于规模经济与范围经济及运输密度经济和幅员经济的共同作用，运输产量的增加引起单位运输成本降低的现象。

二、交通运输供给分析

交通运输供给由五种运输方式共同提供，其合理分工是各种交通运输供给方式扬长避短、发挥优势的必要途径。

（一）各种运输方式的技术经济特征

由于四种运输方式的技术经济特征不同，各自的优势领域也有所差别，因此，充分认识各种运输方式的技术经济特征，对于有效地整合交通运输供给能力、使其发挥最大的作用是十分必要的。

1. 铁路运输的技术经济特征

铁路运输是指利用机车、车辆等技术设备沿铺设轨道运行的运输方式。

（1）铁路运输的优势

①铁路运输能力大，适合大宗货物的长距离运输。

②铁路运输受气候和自然条件影响较小，运输的通用性、连续性能好，与其他运输方式相比，在运输的准时性方面具有较强的优势。

③铁路运输成本较低。铁路运输成本略高于水运，但明显低于公路和航空。

④铁路运输的运输速度较快。我国铁路旅客列车在一些区间上最高速度已可达到250千米/小时。随着我国客运专线和高速铁路的建成，我国铁路运输的速度将大大加快。

⑤铁路运输适用性较好，可以方便地实现驮背运输、集装箱运输及多式联运。

（2）铁路运输的劣势

①铁路按列车组织运行，在运输过程中需要有列车的编组、解体和中转改编等作业环节，占用时间较长，因而增加了货物的运输时间。

②铁路运输中的货损率比较高，而且由于装卸次数多，部分种类货物货损货差通常也比其他运输方式多。

③除了托运人和收货人均有铁路专用线外，铁路运输一般不能实现"门到门"运输，通常要依靠其他运输方式配合，才能最终完成运输任务。

④铁路运输的建设投资较大，固定成本较高，建设周期长，占用土地较多。

铁路运输主要适合承担大宗货物的中、长距离运输，以及散装货物（如煤炭、金属、矿石、谷物等）和罐装货物（如化工产品、石油产品等）的运输；大批量旅客的中、长途运输；货物的集装箱运输。

2. 公路运输的技术经济特征

公路运输是继铁路和水运之后发展的运输方式，公路运输在20世纪60年代之后的发展，使世界上一些经济发达国家改变了一个多世纪以铁路运输为中心的局面，公路运输在各种运输方式中的地位日益增强。公路运输的迅速发展，与公路运输的技术经济特征密不可分。

（1）公路运输的优势

①公路运输速度快。公路运输在途中不用中转。据国外资料统计，运输距离在 200 千米以内时，公路运输的运送速度平均比铁路运输快 4~6 倍，比水运约快10 倍。

②公路运输灵活性好。汽车运输既可以成为其他运输方式的接运方式，又可自成体系，机动灵活，可以满足多方面的运输需求。汽车的载质量适应范围很大，小的只有 0.25 吨，大的有几十吨、上百吨，汽车运输对客、货批量的大小具有很强的适应性。

③公路运输建设原始投资少，经济效益高。公路运输建设投资较小，且资金流动周期短，一般公路运输投资每年可以周转 1~2 次，而铁路运输投资 3~4 年才周转 1 次。

④汽车驾驶技术容易掌握。培训汽车驾驶员一般只需半年左右的时间，而培养火车、轮船及飞机驾驶员需几年时间。相比而言，汽车驾驶技术比较容易掌握，更具普及性。

（2）公路运输的劣势

公路运输也存在一些问题，主要是单位运输成本较高，运行的持续性差；油耗大，环境污染比其他运输方式严重；客运的舒适性较差；交通事故的发生率较高。

公路运输主要适合承担的运输类型：在经济运距内，主要承担中短途运输任务，由于高速公路的快速发展，汽车运输从短途逐渐形成短、中、长途运输并举的局面；公路运输可以实现"门到门"服务，补充和衔接其他运输方式，当其他运输方式担负主要运输任务时，由汽车担负起点和终点处的短途集散运输，完成其他运输方式达不到地区的运输任务。

3. 水路运输的技术经济特征

水路运输是指利用船舶在江河、湖泊、人工水道及海洋上运送旅客和货物的一种运输方式。水路运输按其航行的区域，大体可划分为海洋运输和内河运输两种类型，水路运输发展历史十分悠久，在现代运输中发挥着重要的作用。

（1）水路运输的优势

①水路运输投资少。水路运输可以利用天然水道，基础设施建设投资少，其投资每公里仅相当于公路建设和管道铺设所需投资的10%，相当于铁路投资的4%。与其他运输方式相比，水运对货物的载运和装卸要求不高，占用土地较少。

②水路运输载运量大，航道通过能力强。船舶的最大载运量为几十万吨，一艘万吨级轮船的载运量相当于36列火车的载运量。随着各种专用船、兼用船、多用途船、集装箱船和滚装船等新型船舶的出现和发展，水运的运输能力进一步提高。海运航道的通过能力较强，如马六甲海峡可供20万吨级的巨轮通过，内河航道的通过能力虽然不及海运，但也十分强大。

③水路运输成本低，节省能源。水运是各种运输方式中成本较低的一种，尤其是大宗货物的长距离运输，成本更低。水运消耗单位功率、单位燃料、材料、单位劳动力所获得的运量高于铁路、公路和航空。水运在完成较大运量的同时也节省了能源。

（2）水路运输的劣势

①船舶平均航行速度较低。

②水路运输生产过程受自然条件影响较大，其中气候条件的影响尤其大。因而水运呈现较大的波动性和不平衡性。

③水路运输直达性差，一般需要与其他运输方式配合才能完成运输全过程。

水路运输主要运输的货物类型：大批量货物，特别是集装箱运输；原料、半成品等散货运输，如建材、石油、煤炭、矿石、粮食等；国际贸易运输，是国际商品贸易的主要运输方式之一。

4. 航空运输的技术经济特征

航空运输，是使用飞机及其他航空器运送人员、货物、邮件的一种运输方式，具有快速、机动的特点，是现代旅客运输，尤其是远程旅客运输的重要方式。同时，航空运输也是国际贸易中贵重物品、鲜活货物和精密仪器等货物的重要运输方式。

（1）航空运输的优势

①航空运输速度快。速度快是航空运输最突出的特点，由于高层空域较少受到自然地理条件限制，因而航空运输可以按直线飞行，运输距离最短。

②航空运输舒适性好。航空运输的舒适性表现在两个方面：一是航空运输时间短；二是飞机的飞行高度较高，一般在1万米左右，不受低空气流的影响，飞行平稳。新型客机客舱宽敞、噪声小，并配有娱乐设备，舒适程度大大提高。

③航空运输安全性高。航空运输诞生初期，安全性较低，随着技术的进步，航空运输的安全性已大幅提高，虽然航空运输发生安全事故最为严重，但以单位客运周转量或单位飞行时间死亡率为衡量标准，航空运输的安全性较高。

④航空运输时效性强。航空运输的时间价值高，使其显示出独特的经济价值。

（2）航空运输的劣势

①航空运输成本、运价高。从经济方面来讲，航空运输的成本及运价均高于铁路、公路和水运，是一种价格较高的运输方式，因而在各种运输方式中占有的市场份额相对较小。

②航空运输受气候条件限制。在保证安全的前提下，航空运输对飞行的条件要求很高，在一定程度上受气候条件限制，从而影响运输的准时性和正常性。

③航空运输可达性差。在通常情况下，航空运输难以实现客货的"门到门"运输，必须借助其他运输方式转运。

航空运输主要承担的运输类型是：中长途旅客运输，目前，国际客运联系基本上依赖航空运输；鲜活易腐等特种货物及价值较高或紧急物资的运输；邮政运输；多式联运；旅游类运输。

（二）交通运输供给的影响因素分析

1. 经济因素

一个国家或地区的经济状况直接影响着交通运输供给的发展，是交通运输供给发展的基本条件。纵观世界各国，运输业发达、交通运输供给水平高和运输能力强的国家，往往是经济发展水平高的发达国家，而广大的发展中国家，大多是运输业落后、交通运输供给短缺的国家。就一个国家交通运输供给的发展历程可以看出，交通运输供给的能力和水平是受限于本国当时的经济发展总水平的。国家或者地区的经济水平发展得越高，越有可能有更为充裕的资金来支持，运输基础设施建设和运输设备的制造。从一个国家不同地区的局部交通运输供给也可以看出上述规律性。例如，我国的珠江、长江三角洲地区，京津塘地区，辽东半岛，山东半岛等既是我国经济发达地区，也是交通运输供给水平较高的地区，在这些地区运输基础设施及运输设备都较为齐全、运网密度较大、配套水平较高、供给能力较强；而在我国的西部地区，其经济落后，从而也导致了交通运输供给能力较低。经济发展为交通运输供给的发展奠定了基础，经济发展水平、对未来经济发展的预测及自然环境条件决定了交通运输供给发展的规模和程度。

2. 技术因素

科学技术是推动社会发展的第一生产力，也是推动社会运输业发展的第一生产力。技术进步包含两层含义：一是生产某种产品新的更有效方式（包括生产产品新的方法）；二是经济组织、营销和管理方式的改进。技术进步对于生产效率的提高主要反映在获得相同数量产出的条件下，需要的资本和劳动投入得到了节省。

技术对于交通运输供给的影响主要表现在交通基础设施和运载设备的技术水平及管理水平上。用先进技术建设的高等级公路、铁路线、车站、码头等交通基础设施，可以迅速地增加交通运输供给能力。运输设备的革新，使交通运输供给从小运量、低运能、低速度，发展到大运量、大牵引力、高速度，大大提高了运输生产效率，降低了运输成本，提高了运输服务质量，提高了运输生产的组织管理水平，从而提高了交通运输供给的能力。因此，将先进的科学技术应用到运输业中必然会提高交通运输供给的能力。

3. 市场价格因素

市场价格因素对交通运输供给的影响主要体现在运输产品价格，以及与运输相关的市场价格等方面。运输产品价格是影响交通运输供给的重要因素。由于运输产品市场价格的上升会刺激社会资源向运输领域转移，使得船舶、车辆等运输工具的建造增加，交通运输供给得以提高；反之，运输市场萧条，大量运输工具报废或者解体，交通运输供给减少。在其他条件不变的情况下，运输产品价格与交通运输供给量呈现同方向变化的趋势。运输的相关市场，如运输工具的制造市场、运输工具的买卖市场等，其价格也将影响到运输市场的供给能力。

第三节　交通运输市场供需

一、交通运输市场概述

（一）交通运输市场的概念

运输需求和运输供给是运输市场的两个基本组成部分。狭义的运输市场指的是运输劳务交换的场所，是从形态上看得见、摸得着的场所，该场所为货主、旅客及运输代理商等各运输参与者提供交易的活动空间。广义的运输市场不仅指提供运输交换的场所，还包括各运输参与者在交易过程中产生的经济活动和经济关系。在现代市场经济中，市场概念又用来表示实现社会资源配置的机制。由此，广义的运输市场概念包含三层含义：一是指运输劳务交换场所；二是指运输劳务交换活动；三是指实现资源配置的手段。

在运输市场活动中，由于需求方、供给方和中介方直接参与客货运输生产和交换活动，因此，属于运输市场行为的主体。而政府方不参与具体的运输市场的决策过程，只是通过经济、法律、行政等手段对运输活动进行管理、监督和调控，使运输活动能遵循相关法规政策，让运输市场能有序化运行。

（二）交通运输市场的主要特征

运输市场作为市场体系的组成部分之一，它具有一般市场的共性，如供给方与需求方构成市场主体的两大阵营，供给与需求的变化虽然都受不同因素的影响，但最终都要受价值规律的支配，交换要遵循等价交换的原则等。另外，运输市场又是市场体系中的一个专业市场，因此其具有自身特点。

1. 运输商品的非实体性使得运输市场供求调节不同于一般商品市场

运输市场与一般的商品市场不同，一般的商品市场出售的是具有实物形态的商品，商品都是提前生产，如果没销售完还能储存起来，更能实现不同地区的调拨。而运输市场出售的是不具有实物形态的运输服务，生产过程只是实现了客货位移，因此，运输产品没法储存，也不能调拨。由于运输生产和消费具有同时性，一旦运输需求小于运输供给，运输能力就浪费了，而运输需求大于运输供给，则运输需求得不到满足，又会影响服务质量。因此，运输市场只能通过提高运输效率或增加新的运输能力来满足不断增长的运输需求，而一旦需求下降，一些供给能力就会闲置起来。因此，对于运输市场，准确预测运输需求、合理地规划运输供给是非常重要的。

2. 运输市场在空间上具有广泛性而具体位移又具有特定性

运输产品进行交换的场所无处不在。客运市场交换主要集中在汽车站、火车站、码头、机场等地；货运市场更加分散，只要有货运需求的地方就有货运交易的场所。但旅客和货物位移又是特定的，旅客的任何一次出行、货物的每次运送都是有特定的始发地和目的地的。

3. 运输市场比一般商品市场更容易形成垄断

运输市场容易形成垄断，主要是由于自然条件和生产力发展到一定阶段某一运输方式具有技术上明显的优势等原因造成的。即使到了五种运输方式综合协调发展的今天，运输市场的垄断也还是存在的。例如很多发达国家及发展中国家都曾有过水运占统治地位的时期，而后铁路运输又稳坐"铁老大"之位上百年；20世纪50年代以后，随着经济、技术的发展，公路运输、航空运输和管道运输的迅速崛起及快速发展，打破了铁路的统治地位，但各种运输方式仍旧在自己的优势领域保持一定的独占性。特别是管道运输，由于其在线路方面具有其他运输方式所不具有的优越性，其在某些物品的运输中，自然具有垄断性。

4. 运输市场比一般商品市场更要求强化安全和质量监管

一般商品市场，消费者购买商品时可以随意挑选，购买后对质量不满意还可以要求退换货，而在客运生产中，当旅客发现运输服务质量较差时，他已经身处消费过程中，这时要求退出运输过程，几乎是不可能的；在货运中，即使运输质量有问题，货主也只能在货物运至目的地后才能发现。即使旅客和货主再不满意，也不得不勉强消费已经选择了的运输服务。如果运输过程中发生安全事故，可能造成人员伤亡或财产损失。因此，运输市场对安全和质量的要求更高，其监管也比一般商品市场更严格。为了切实保护运输消费者的利益，所有运输企业在进入市场之前，都要接受十分严格的审查，在运输服务过程中也要受到严格的监督。运输市场还应实行运输保险制度，甚至采取强制保险方式来保证发生运输事故后对旅客或货主的赔偿。

（三）交通运输市场的分类与竞争结构分析

1. 分类

按照不同的标准，运输市场可以划分不同的类别。

（1）按运输市场涉及的运输方式划分：运输市场可以分为铁路运输市场、公路运输市场、水路运输市场、航空运输市场、管道运输市场，以及包括两种或两种以上运输方式所组成的多式联运市场；在各运输方式内部还可细分为若干类型的运输市场，如水运中的海运与内河、海运中的沿海与远洋等。

（2）按运输市场的客体结构划分：运输市场可分为基本市场和相关市场。基本市场分为客运市场和货运市场，相关市场分为运输设备租赁市场、运输设备修造市场、运输设备拆卸市场等。其中，货运市场还可按货种不同分为普通货物运输市场和特种货物运输市场。普通货物运输市场可分为干货运输市场、散货运输市场、件杂货运输市场、集装箱运输市场，散货运输市场可进一步细分为粮食运输市场、煤炭运输市场、油品运输市场等。特种货物运输市场可分为大件运输市场、冷藏货物运输市场、危险品运输市场、搬家运输市场等。客运市场可以分为一般客运市场及特种客运市场，后者还可分为旅游客运市场及包机（车、船）市场等。

（3）按运输市场的空间和地理范围划分：运输市场可以分为国际运输市场、国内运输市场、区域运输市场、跨区域运输市场、市内运输市场、城间运输市场、农村运输市场及城乡运输市场等。

（4）按时间的要求划分：运输市场可以分为定期运输市场、不定期运输市场、快捷运输市场等。

（5）按运输距离的远近划分：运输市场可以分为短途、中途、中长途、长途运输市场。

（6）按运输市场的垄断和竞争状况划分：运输市场可以分为完全竞争的运输市场、完全垄断的运输市场和垄断竞争的运输市场。

对运输市场进行分类有助于我们更全面地了解运输市场体系，以便对其进行分类研究，制定和实施相应的管理政策及措施。对于运输企业来说，掌握运输市场的分类，有助于企业确定目标市场和制定市场营销策略；有助于分析竞争对手的市场策略，知己知彼；有助于企业分析潜在的运输市场，发掘市场机会。

2. 运输市场的竞争结构

西方经济学通常按照市场竞争程度的标准，从企业数目、产品差别程度、企业对产量和价格的控制程度及进入市场的难易程度等特点，研究市场结构，将市场划分为三种类型：完全竞争的运输市场、完全垄断的运输市场、垄断竞争的运输市场。

（1）完全竞争的运输市场又称为纯粹竞争市场，是指运输企业和货主均不能控制市场价格，市场价格的高低完全取决于市场供求关系。例如跨省（区）公路货运市场及海运中的不定期船市场。在公路长途货运和不定期船市场中，运输供给者和运输需求者为数众多，他们无力左右市场中运价的走势。运输供给者只要具备一定的经营条件和运力，即可投入市场，并且退出市场的弹性较大。另外，这种市场模式基本没有政府的干涉，市场自由发展，竞争公平、合法，由此确定的运价是供求矛盾相向运动的结果。

（2）完全垄断的运输市场又称为独占运输市场或寡头垄断运输市场。它是指某一运输市场完全被一个或少数几个运输企业所控制，而不存在任何市场竞争的市场结构。由于完全垄断的运输市场上需求者甚多，少数几家规模较大的运输企业垄断着市场，它们对市场运价和供求状况有明显的影响，这些大企业通常通过协议或某种契约规定市场运价，获得高额垄断利润。

（3）垄断竞争的运输市场垄断竞争又称不完全竞争，是一种垄断、竞争并存的市场结构。其条件和特点如下：市场上买、卖者数量较多，每个生产者行为独立，没有占明显优势的供给者，市场竞争激烈，不同运输企业提供的运输产品质量上差异较大，某些运输企业由于存在某种优势而产生了一定范围的垄断，而运输产品的技术可替代性又引起运输企业间的竞争。这种垄断和竞争并存的市场模式在运输市场中普遍存在。

3. 运输市场的垄断与竞争分析

每种运输方式都有一些最适合自己的运输需求，不同运输方式之间也存在一定的替代性。

各种运输方式之间不同的技术经济性能（如运输速度、运输容量、提供客位等级或货种的可选择性、方便程度等），决定了任何一种运输方式都有其优势领域。如果某一运输方式的优势领域是独有的，那么在该领域此运输方式就无法被替代，从而形成一定的垄断。例如，煤炭、矿石等低值货物的大批量陆上远距离运输，就基本上无法由公路去替代铁路。

如果不同运输方式的优势存在部分重叠，就会形成共同的供给领域，从而产生竞争。例如，在客运方面主要是铁路和公路之间在中短途运输、铁路和航空之间在中长途运输上的竞争，在货运方面主要是铁路与公路之间在短途，以及铁路和水运之间在中长途运输上的竞争等。

运输方式内的竞争指同种方式的运输企业之间的竞争，如轮船公司与轮船公司之间、航空公司与航空公司之间、客车或卡车运输业者之间的竞争等。价格水平和服务质量也是运输方式内部竞争的基础。由于各国对运输管制的放松，运输企业之间的竞争很多都集中到价格的竞争上，为争取客源和货源竞相采取降价策略。但服务竞争也是一个非常重要的因素，不少旅客和货主为获得较好的服务甚至不在乎多付运费。旅客运输方面，快速性、安全性、舒适性、方便性、准时性，途中的物质和文化生活、工作人员的服务态度等都成为旅客选择运输方式的重要考虑内容；货物运输交付的准点性、货物质量的保证性等也成为影响各运输方式竞争的重要方面。因此，许多运输企业在竞争中都是同时强调它们在价格和服务方面的优势。

运输业者竞争的程度从一个运输市场到另一个运输市场，一种运输方式到另一种运输方式也有所不同。由于运输市场的多变性，要想全面概括运输企业之间的竞争是困难的，只能说每个运输企业都在试图找到有利于它的服务领域，并且在那里建立起自己的优势。运输市场竞争尽管有这样的特点，但都是以运价和服务为基础的。在运价受到严格管理的情况下，服务质量方面的竞争就变得更为重要。

二、交通运输市场供需状态分析

运输供给与需求是构成运输市场的两个基本要素，研究运输供给与运输需求之间的均衡发展，是实现运输资源合理配置，产生最佳经济效益和社会效益的出发点。通过不断地调整运输市场内部各种因素的相互关系和地位，使运输供给的发展适应国民经济发展的需要，实现运输供给增长与未来运量均衡发展的动态平衡。

（一）交通运输市场供需状态

交通运输业中供给与需求之间的关系，从理论上来看有以下三种情况发生：

1. 总供给和总需求正好一致

运输总供给与运输总需求正好一致是指运输市场的供给能力与经济发展所产生的运输需求正好相适应，这种情况为"绝对均衡"。显然，这是一种理想状态，实际上是不可能存在的。

首先，这是由运输需求与运输供给在性质和特征上的不对称性所决定的。从运输需求方面来看，它属于派生性需求，是由经济和社会发展而派生的，经济和社会发展本身就是千变万化的，这就势必造成运输需求具有广泛性、多样性的特点。从运输供给方面来看，运输业是一个特殊的产业，其整体性特点非常突出，体现在很多方面，如运输生产过程需要多个部门之间的密切配合才能完成；运输基础设施的建设、维护、使用等也具有整体性。现代综合运输体系的建立、发展和完善，使各种运输方式紧密地统一为一个系统，运输供给的整体性特点更加突出。由于运输需求与运输供给在性质和特征上的不对称性，就决定了需求与供给在总量上不可能达到完全一致。

其次，运输需求和运输供给变动的不同步、不对称性也决定了总需求和总供给不可能完全一致。运输需求的增长一般是随着经济与社会的发展缓缓地、持续地进行的，只有在极特殊的情况下才会出现跳跃式增长。而运输供给的增长恰好相反，它总是跳跃式进行的，如一条新的高铁路线修建，会使铁路客运的供给能力剧增，其他运输方式也是如此，因此，任何一种运输方式的新技术的应用或是新的运输设备的研制、应用都会使供给能力出现跳跃式增长。这种运输供给增长与运输需求增长的不同步、不对称，也使供给总量与需求总量很难达到"绝对均衡"。

2. 总供给与总需求不一致

总供给与总需求不一致，存在两种情况：一种情况是运输总供给滞后于运输总需求，从而不能满足经济增长所引发的运输需求对运输供给能力的要求；另一种情况是运输总供给超过了运输总需求，即运输业的发展超过了经济发展的要求，以现成的运输供给能力等待经济发展产生的运输需求。这两种"不均衡"情况，都不符合经济发展和社会进步的需要，均是不可取的，因为如果运输总供给滞后于经济发展，甚至成为经济增长的"瓶颈"，就会阻碍经济发展。而如果总供给超前于经济与社会发展所产生的运输需求，就会造成运输资源的浪费。

3. 总供给与总需求基本一致

在现实的运输市场中，可实现的目标是实现运输总供给与总需求基本一致，即运输供给基本满足运输需求增长的需要，或者供给稍微超前于需求发展，或者供给稍微滞后于需求发展，两者之间并不出现大的差距，相互协调地向前发展。这种情况称为"相对均衡"。

从前面的分析可知，运输总供给与总需求正好一致是不可能实现的，不一致是不可取的，只能追求第三种情况，即运输总供给与总需求基本一致。运输总供给与总需求基本一致是对运输总供给和总需求变动规律的科学概括，它应成为一个国家处理交通运输业与经济发展的关系、制定运输发展战略的重要理论基础之一。和一切事物的发展变化一样，运输总供给与总需求的变动也是具有规律性的，而客观规律是可以被人们认识的，运输总供给和总需求变动的规律也是一样的。因此，运输总供给与总需求基本一致的目标需要经过长期的努力才能够达到。

（二）交通运输供给与运输需求的互动关系

运输供给和运输需求影响是运输市场最重要的因素，两者之间是相互联系和相互制约的，运输需求是运输供给的原因，而运输供给则是运输需求的基础。

1. 运输供给在一定程度上会制约和刺激运输需求的增长

运输供给通过其服务质量来实现对运输需求的制约或刺激作用。这里的服务质量是一个广义的概念，包含运输时间、费用、安全性、舒适性、便捷性、准时性等多个要素。在服务质量的作用下，运输供给对运输需求的制约和刺激作用体现在以下两个方面：

首先，对运输系统来说，运输供给的增加将使运输时间、运输成本下降，一些因运输服务质量低下而被抑制的运输需求将被重新激发，同时，单位时间内运输需求出行次数也相应增加，运输需求得到发展；相反，如果运输供给无法满足运输需求，运输服务质量则会持续下降，进一步抑制运输需求，从而制约运输需求的发展。

其次，从交通运输与区域社会经济的关系来看，运输供给的增加，将有效地改善区域交通的服务质量，保证整个区域综合交通系统的顺畅运行，从而促进社会经济的发展和人们生活水平的提高。生活水平提高后，人们的消费观念也会随之变化，用于旅游、购物等的消费比例增加，运输需求增加；相反，如果运输供给未能改善服务质量，使运输成为社会经济发展和人们生活水平提高的"瓶颈"，则人们的出行在一定程度上会受到制约。

2. 运输需求在一定程度上会制约和刺激运输供给的增加

运输需求的不断增长，会给原有的运输方式带来巨大的运输压力，为满足运输需求不断增长的需要，保证运输系统的发展，必须不断增加供给，从而刺激运输供给的发展；反之，如果运输需求停滞不前，现有的运输供给已能满足运输需求，单方面增加运输供给失去了现实意义，从而制约运输供给的发展。因此，运输供给与运输需求是相互联系、相互促进的两个方面，两者之间的关系是辩证统一的。一方面，运输需求决定运输供给；另一方面，运输供给反作用于运输需求，并推动经济的发展。

三、交通运输市场供需均衡分析

根据经济学原理，市场作为一种有机体，总是存在着自行调节机制——市场运行机制。市场运行机制会使供给和需求形成某种规律性的运动，出现某种相对的均衡状态，即通过市场价格不断波动直到市场的供给量与需求量相等为止。与任何其他市场一样，运输市场最终也会通过市场运行机制的作用，实现均衡。

（一）均衡的概念

"均衡"二字源于物理学，并逐步被政治、经济、军事、文学、艺术、心理、教育、化学、统计等各学科、各行业在表述两种对立事物的一种微妙状态时广泛应用。

1. 经济学中的均衡概念

在经济学中，均衡一般是指经济体系中的需求和供给两种力量处于一致或平衡的状态，是买卖双方都满意并愿意接受和保持下去的状态。

既然均衡只是某种经济行为中的一种特指的状态，说明经济行为中其他的一般状态都是不均衡的。同时，均衡是需求方与供给方都能同时得到满足的一种特指状态，那么，这个状态将是一个条件等式，均衡状态是可以用函数中的方程来描述的。另外，均衡所表达的满足是一种由经济价值所决定的心理状态，因此，它与心理学、数理统计密切相关。

2. 运输市场中的供需均衡及均衡分析的概念

运输系统是一个开放的大规模的复杂系统，由固定设施（包括线路、航道、桥梁、隧道、港口、车站及航空港等）和移动设备（如机车、车辆、船舶、汽车、飞机等）通过相应的运输组织工作实现其运输功能。组成运输系统的要素之间相互联系、相互制约，同时运输系统又处于千变万化的环境中，因此，运输系统的均衡受到多种因素的复杂作用，均衡的形成是一系列动态的平衡过程，均衡也只是一种相对稳定的状态，包括运输市场均衡、用户均衡、运输经营主体均衡和供需均衡。

运输市场的均衡分析就是从运输供给与运输需求两个方面的对比关系出发，在假定各经济变量及其关系已知的情况下，考察运输市场的状态和变化规律，及其达到均衡状态的条件等。

（二）交通运输市场供需均衡的形成

市场是由买方和卖方组成的，通常商品的价格由买卖双方共同决定。如果说均衡指的是一种没有变动趋势、从而能够持续存在的状态，那么均衡价格（运输经济学中称为均衡运价）就是供给和需求这两种相反力量达到平衡、不再变动（也没有变动的必要）时的价格。

通常用供给曲线和需求曲线来分别表示供给与需求的变动情况，供给曲线与需求曲线的交点即为供需均衡，与这一交点对应的供给量或需求量，称为均衡数量（运输经济学中称为均衡运量），而与这一点对应的价格即均衡价格。

运输市场均衡的形成与变动过程是基本的运行机制。在供求条件不变的情况下，市场处于一定的稳定均衡状态。虽然不均衡状态也会时常出现，但通过运价和供求的相互冲突与调整，能不断地恢复和维持均衡。

由于运输市场面临复杂多变的环境，运输供给和运输需求也在不断地发生变化，运输市场"不均衡—均衡—不均衡—均衡"的过程也是不断反复的。在一定的供给和需求条件下，必然能够形成和维持相对稳定的均衡。从长远来看，随着经济的发展，运输需求将增加，同时科技的进步将推动各种运输方式供给的增加，供需条件将发生变化，原有的供需均衡将被打破，引起新的供需不均衡。这一新的不均衡又将引起运价的波动，运价的改变又会推动市场走向新的均衡。供给、需求和市场运价就是这样地相互影响、相互作用，推动运输市场始终处在形成稳定均衡、打破均衡、形成新的均衡的循环之中。

（三）交通运输市场供需变动分析

当某种均衡形成之后，随着时间的推移，运输供给与运输需求将发生变化，这种均衡就会被打破，从而向新的均衡推进。长期来看，运输市场的供求发展是处于旧的均衡被打破，新的均衡被建立起来的动态过程中。均衡是暂时的、相对的，不均衡是永恒的、绝对的。决定均衡状态变动的因素，就是那些使供给曲线与需求曲线发生位移的因素，即供给条件与需求条件。当供给曲线或需求曲线发生变动时，甚至两者都发生变化时，将使得原来的均衡点发生移动。均衡点发生移动，将直接影响运输的均衡运价及均衡运量都发生变动。下面，逐一说明不同的供需变动对均衡点的影响。

1. 需求不变、供给变动对均衡点的影响

假定需求状况不变，但由于生产技术的提高或生产要素价格的降低，如高速铁路的建设，公路运输采用大吨位、低能耗的车型，船舶的大型化等都将使供给状况发生变化。

2. 供给不变、需求变动对均衡点的影响

假设供给状况不变，但由于一个地区的人口增加、经济增长和人均收入增加，使得人们的出行需求增大了，在供给不变的情况下，需求的变动引起均衡运价和均衡运量同方向变动。

3. 需求和供给同时变动对均衡点的影响

在运输市场中，需求和供给经常会同时发生变动，这时，均衡的变动取决于需求和供给的变动方向与幅度。需求和供给同时变动有两种可能：一种是同方向变动（同时增加或减少）；另一种是反方向变动（需求增加、供给减少或需求减少、供给增加）。

四、交通运输市场供需均衡调节

运输市场供需均衡状态反映了运输市场的资源配置效率。当市场上的总供给量和总需求量相等或总供给价格与总需求价格相等时，市场就实现了均衡，资源配置达到最优。但是，这种均衡状态往往是暂时的，在实际中，由于运输生产具有使用价值和价值同时实现，运输生产使用价值不可储存，以及运输扩大再生产周期长、规模大等特点，运输业要保持运力供给与社会需求之间的平衡十分困难。但是总供给与总需求的不一致性也不是任意的、永久的，可以通过各种调节手段对供需进行调节，使其形成新的均衡。运输市场供需均衡的调节手段主要有内力调节和外力调节两种：内力调节主要指利用运输市场的运行机制进行调节，而外力调节主要依靠政府采取各种政策进行宏观调控。

（一）运输市场运行机制调节

通过市场来调节运输的供需情况是一种市场的自发行为，当供给大于需求时，将导致运价的下跌，从而刺激需求增加，供给减少，使供需达到新的均衡；而当供给小于需求时，将导致运价上涨，在一定程度上会刺激供给的增加，使供需达到新的均衡。市场对供需的调节作用在前面内容中已有较详细的分析，在此就不再重复。

（二）政府宏观调控

政府在运输市场供需均衡的调节中起着非常重要的作用，主要通过制定价格政策、财政政策、投资政策和对运输需求进行管理等方式来实现对运输市场供需均衡的调节。

1. 价格政策调节

在纯粹的市场经济中，均衡是一种趋势，市场上有一种力量促使均衡价格的形成，而实际上，纯粹的市场经济仅仅是一种理论上的假设。在现实经济生活中，由于某些经济和政治因素的介入，市场竞争会陷入一些不健康的状态，如无序竞争、恶性竞争等。政府作为宏观调控的主体，为了保证市场物价的基本稳定，保证竞争的公平和有序，保证生产者和消费者的利益，对运输市场产品有时会实行最低限价和最高限价的政策。这些政策往往会给运输市场的供需均衡带来一定的影响。

（1）最低限价是指政府对某种商品所规定的最低价格界限。由于它对生产、供给方具有保护作用，因此，又称保护价。

（2）最高限价又叫限制价格，是指政府对某种商品所规定的最高价格。最高限价是国家为制止哄抬物价、打击投机倒把、控制市场价格总水平，特别是控制某些重要商品价格暴涨的一种重要手段。在中国，最高限价是国家指导价的一种形式。具体限价水平，一般根据情况由原制定限价的机构适时调整，当最高限价已不再需要时，即按程序取消。

最低限价主要是为了维护市场稳定，保护行业的健康发展；最高限价的本意是针对部分特殊的严重供不应求的市场进行市场价格总水平控制，限制暴利，保证消费者的权益。两者都属于在特殊时期采用非经济手段限制运价来调控运输市场，是阶段性的措施。随着供给和需求趋于正常状态，最高限价和最低限价就会取消，市场价格最终还是由供需均衡状态来决定。

2. 财政政策调节

国家财政政策是调节运输市场供需均衡的重要手段。其主要措施有税收政策和补贴政策。

税收是国家对社会产品和国民收入所进行的一种强制性的分配。现假定国家对某种运输服务实行征税，因为税收是由生产者或销售者交付给国家的，并且包含在消费者所接受的运价中，消费者只是关心其购买的运输产品价格的高低，而并不关心价格中是否含有税金，因此，征税对需求曲线无影响。

3. 投资政策调节

交通运输基础设施建设投资巨大、回收期长、利润率低，而且交通运输基础设施又具有准公共性等特征，这使得交通运输业的建设和发展仅仅依靠市场本身解决供需矛盾是远远不够的，需要政府作为投资主体介入。

国家实施的交通运输投资政策主要包括国家直接投资和国家引导投资。直接投资是由国家财政将资金投向某一地区的某一种运输方式。政府可以通过对运输基础设施加大投资，并向运能特别紧张的运输方式进行投资倾斜，以提高运输供给能力，从而使供给适应需求。大部分发达国家都把铁路、公路、航道、管道、机场、码头等建设作为政府财政投资的重要目标，以便使投资来源有可靠的保证。引导投资是指国家考虑到交通运输业的公共资源性质和基础性质，通过财政、税收、信贷等经济杠杆引导或者限制社会资本投向某一交通运输项目。例如，国家常常通过各种优惠政策鼓励企业投资于那些社会效益较好的运输项目，而对某些容易引起垄断的运输方式则会对投资进行限制。

4. 运输需求管理调节

运输需求管理主要是从需求上采用相应的政策或技术进行调节，使运输需求在时间、空间上均衡化，以在运输供给和运输需求间保持一种有效的均衡。

运输需求管理主要措施有通过减少产生出行的活动而减少总的出行总量，如利用网络和通信技术以电话电视会议、电子商务等方式代替出行；通过改变交通方式和有效地使用机动车来减少车辆交通，如通过调整停车费、通行费、乘车费，鼓励利用公交出行；将交通在时间和空间上进行分散，如向出行者提供实时交通信息或通过强制收费或价格优惠，以减少高峰时段和高峰路线的出行。

第三章 交通运输系统工程

交通运输系统工程是一门专注于优化交通网络和运输服务的学科，它结合了工程学、管理学和信息技术，以提高运输系统的效率和可靠性。该领域涉及对交通流量的预测、运输设施的设计、运输服务的规划与管理，以及对运输系统性能的持续监控和改进。通过应用系统工程的原理，可以有效地解决交通拥堵、提高运输安全性、减少环境污染，并提升乘客的出行体验。

第一节 运输系统工程概论

一、交通运输与交通运输系统

（一）交通运输

1. 基本概念

（1）交通。随着科学技术的发展，伴随而来的专门化物质传输系统形成，人们对运输这一概念认识不断深化，不仅已经不把输电、输水、供暖、供气等形式的物质位移列入运输的范围，而且也不再把语言、文学、符号、图像等形式的信息传播列入运输的范围。据此，从专业角度出发，一般可以认为交通是指"运输工具在运输网络上的流动"。事实上，随着社会的进步、经济的发展、物资的位移、人员的流动，运输工具（交通工具）也越来越多地被使用，因此，交通的含义习惯于特指运输工具在运输网络上的流动。

（2）"运输"这一词语在日常生活、专业领域和科学研究中，都用得十分广泛。运输是指借助公共运输线及其设施和运输工具来实现人与物空间位移的一种经济活动和社会活动。但是，在国民经济与社会生活中发生的人与物在空间位置上的移动几乎无所不在，运输只能是指一定范围内的人与物的空间位移。例如经济活动中的输电、输水、供暖、供气和电信传输的信息等，虽然也产生物质位移，但都已各自拥有独立于运输体系之外的传输系统，它们完成的物质位移已不再依赖人们一般公认的公共运输工具，因此，它们不属于运输的范围。又如一些由运输工具改作他用的特种移动设备（包括特种车辆、特种船舶、特种飞机）行驶所引起的人与物的位移，虽然利用了公共运输线，但它们本身安装了许多为完成特种任务所需的设备，其行驶的直接目的并不是为了完成人与物的位移，而是为了完成某项特定工作，也不属于运输的范围。此外，在工作单位、家庭周围、建筑工地由运输工具所完成的人与物的位移，由某种工作性质引起的位移，在娱乐场所人的位移，也都不属于运输的范围。

（3）交通与运输的关系。从对交通与运输两个概念的论述中可以看出，交通强调的是运输工具（交通工具）在运输网络（交通网络）上的流动情况，而与交通工具上所载运人员、与物资的有无和多少没有关系；运输强调的是运输工具上载运人员与物资的多少、位移的距离，而并不特别关心使用何种交通工具和运输方式，交通量与运输量这两项指标的概念最能说明这一点。例如在道路运输中，交通量是指单位时间内（如一昼夜或一小时）通过某路段道路的车辆数，它与运输对象无关，若说某路段的昼夜交通量是 5000 辆车，则这 5000 辆车都是空车，或都是重车，或空重都有，都不会使交通量有任何改变。运输量则不同，它是指一定时期内运送人员或物资的数量。空车行驶不产生运输量，即使都是重载，如果运输对象在每一车辆上的数量不同，所产生的总运输量也会不同。

显然，交通与运输反映的是同一事物的两个方面，或者说是同一过程的两个方面。这同一过程就是运输工具在运输网络上的流动；两个方面指的是交通关心的是运输工具的流动情况（流量的大小、拥挤的程度），运输关心的是流动中的运输工具上的载运情况（载人与物的有无与多少、将其输送了多远的距离）。在有载时，交通的过程同时也就是运输的过程。从这个意义上讲，由交通与运输构成的一些词语中，有一部分是可以相互替换使用的，如交通线与运输线、交通部门与运输部门、交通系统与运输系统等。因此，可以说，运输以交通为前提，没有交通就不存在运输；而没有运输的交通，也就失去了交通存在的必要。交通仅仅是一种手段，而运输才是最终的目的。交通与运输既相互区别，又密切相关，统一在一个整体之中。本书中交通和运输合并称为交通运输，有时简称为运输。

2. 交通运输的发展

从世界范围内交通运输发展的侧重点和起主导作用的角度考察，可以将交通运输的发展划分为四个阶段，水运阶段，铁路运输阶段，铁路、公路、航空和管道运输竞争阶段及综合运输发展阶段。

（1）以水运为主的阶段。水上运输既是一种古老的运输方式，又是一种现代化的运输方式。在出现铁路以前，水上运输同以人力、畜力为动力的陆上运输工具相比，无论运输能力、运输成本，还是方便程度等，都处于优越的地位。在历史上，水运的发展对工业布局和大城市的形成影响很大。海上运输具有独特的地位，几乎不能被其他运输方式所取代。

（2）以铁路运输为主的阶段。1825 年，英国在斯托克顿至达灵顿修建了世界上第一条铁路并投入公共客货运输，标志着铁路运输时代的开始。由于铁路能够快速、大容量地运输旅客和货物，因而极大地改变了陆上运输的面貌，为工农业的发展提供了新的、强有力的交通运输方式，从此，工业布局摆脱了对水上运输的依赖，内陆腹地加速了工农业的发展。

（3）铁路、公路、航空和管道运输竞争的阶段。20 世纪 30 年代至 50 年代，公路、航空和管道运输相继发展，与铁路运输进行了激烈的竞争，就公路运输而言，由于汽车工业的发展和公路网的扩大，使公路运输能充分发挥其机动灵活、迅速方便的优势。工业的发展和科学技术的进步，促使人们的价值观念日益增强，航空运输在速度上的优势，不仅在长途旅客运输方面占有重要的地位，而且在货运方面也发展很快。随着这几种运输方式发挥的作用明显上升，铁路一枝独秀的局面开始改观，各种运输方式同时竞争成为交通运输发展第三个阶段的特征。

（4）综合运输体系阶段。20 世纪 50 年代后，人们开始认识到在交通运输的发展过程中，铁路、水运、公路、航空和管道这五种运输方式是相互协调、竞争和制约的，因此需要进行综合考虑，协调各种运输方式之间的关系，构成一个现代化的综合运输体系。综合发展阶段的重点之一是在整体上合理进行铁路、水运、公路、航空和管道运输之间的分工，发挥各种运输方式的优势。调整交通运输布局和提高交通运输的质量则成为综合发展阶段的主要趋势。

纵观交通运输的发展历史，我们可以看出。水运、公路、铁路、航空、管道等五种运输方式，正在逐步走向协调发展，逐步形成一个整体，构成一个现代化的交通运输体系。

因此，对于从事交通运输管理的工作者来说，树立交通运输大系统的思想、掌握运输系统工程的方法，将具有十分重要的意义。

（二）交通运输系统

1. 交通运输系统的概念

交通运输系统是指在一定空间范围（国家或地区）内由几种运输方式、技术设备，按照一定历史条件下的政治、经济和国防等社会运输要求，组成的运输线路和运输枢纽的综合体。

2. 交通运输系统的构成

（1）交通运输系统的构成要素

交通运输系统主要由下列基本部分组成。

①载运工具包括火车、汽车、船舶、飞机、管道等，作为旅客和货物的运送载体。

②交通运输场站包括火车站、汽车站、机场、港口等，其作为运输的起点、中转点或终点，供旅客和货物从载运工具上下与装卸。

③交通线路包括有形的铁路、道路、河道、管道和无形的航路等，作为运输的通道，供载运工具实现不同场站点之间的行驶转移。

④交通控制与管理系统包括各种交通信号、交通标志、交通规则等，是为了保证载运工具在线路上和站场内安全、有效率地运行而制定的规则，以及设置的各种监视、控制、管理装置和设施。

⑤设施管理系统是为保证各项交通运输设施处于完好或良好的使用或服务状况而设置的设施状况监测和维护（维修）管理系统。

⑥信息管理系统是应用通信、电子信息等高新技术建立的为现代交通运输服务的系统。它通过建立一套完善的数据采集、处理与共享机制，构筑交通信息平台，为交通运输的发展提供强有力的信息保障。信息系统在整个交通运输系统中起着桥梁和纽带的关键作用，通过它能够使交通运输系统的其他构成要素实现有机联系并互通情报，从而实现整个运输系统的合理规划、统筹安排，提高系统的

运营效率和服务质量。

（2）交通运输系统的构成方式

按载运工具和运输方式的不同，我国现代化的运输业由下述五种基本运输方式构成。

①铁路运输是使用铁路列车运送货物和旅客的一种运输方式。它适合于长距离地运输大宗货物，如煤炭、矿石、钢材及建筑物等物质，也适宜承担中长途的旅客运输。

②公路运输是主要使用汽车在公路上运送货物和旅客的一种运输方式。它在中短途运输中的效果比较突出。

③水路运输简称"水运"，是一种使用船舶（或其他水运工具）通过各种水道运送货物和旅客的运输方式。它特别适合于担负时间要求不太强的大宗、廉价货物的中长距离的运输，包括煤、石油、矿石、建材、钢铁、化肥、粮食、木材、水泥、食盐等。

按照其航行的区域，水路运输大体上可以分为远洋运输、沿海运输和内河运输三种类型。远洋运输通常指无限航区的国际运输；沿海运输是指在沿海地区各港口之间进行的运输；内河运输则指在江、河、湖泊及人工水道（运河）上从事的运输。前两种又统称为海上运输。

④航空运输简称"空运"，是一种使用飞机（或其他飞行器）运送人员、物质和邮件的运输方式。它适合于担负各大城市之间和国际的快速客运，以及报刊、邮件等对实效性要求高和昂贵、精密、急需货物的运输。

⑤管道运输是一种由大型钢管、泵站和加压设备等组成的运输系统。

管道是流体能源非常适宜的运输手段，流体能源主要包括原油、天然气、成品油（包括汽油、煤油、燃料油及液化石油气）。20世纪70年代出现的煤浆管道，现在已经得到发展。另外，砂、石、垃圾的管道运输也已使用；集装箱和旅客的管道运输正在研究之中。

整个交通运输系统是一个上述五种交通运输方式并存的综合系统，其各自发挥本系统的特长和作用。

（3）五种运输方式的综合评价

铁路、公路、水运、航空和管道五种运输方式中的客、货在空间上位移虽然是同一的，但其技术性能（速度、质量、连续性、货物的完整性和旅客的安全、舒适程度等），以及对地理环境的适应程度和经济指标（如能源和材料消耗大小、投资多少、运输费用多少、劳动生产率高低等）是存在很大差异的。铁路运距长、运量大、运费低，属于"线运输"；公路运输与国民经济和人民生活最为密切，其余几种运输方式均须通过公路运输才能到达目的地，属于"面运输"；水运能耗小、运量大、成本低，但速度慢，也属于"线运输"；航空运输速度快，运量小，成本高，属于"点运输"；管道运输主要适合于液体、气体的输送。

综上所述，由于铁路、公路、水运、航空和管道等五种现代化运输方式在载运工具、线路设施、运营方式及技术经济特征等方面的特点各不相同，因而各有优势，各有其不同的使用范围，五种运输方式之间的关系是相互补充、相互协作的。

3. 交通运输系统的性能与特点

（1）交通运输系统的性能

各类交通运输系统具有不同的特点和性能。通常从以下四个方面来表征或评价一个交通运输系统的性能：

①普遍性或通达性

主要指进出交通运输系统的出入口数量、这些出入口之间交通运输线路的直接程度及系统适应各种交通量的能力等方面的性能。它直接关系到使用者进出和使用该系统的便利性。影响普遍性的主要因素是交通运输线路网的密度和进出系统的出入口或站场的数量。

②机动性

可定义为交通运输系统在单位时段内处理交通运输对象数量的能力（或容量）和系统内交通流的速度两个方面。

③效率和效益

包括为修建和维护交通运输系统基础设施所需投入的资金量，使用该系统所需支付的运行费用（能源消耗、载运工具和基础设施的耗损、控制和管理费用等），系统的可靠性和使用的安全性，系统对周围环境的负面影响等方面。

④服务对象和服务水平

交通运输系统适宜输送的对象（货物或旅客的类别），系统所提供的服务质量（舒适性、频率等）。

（2）交通运输系统的特点

交通运输系统既具有一般系统的共性，同时还具有规模庞大、结构复杂、目标众多等大系统所具有的特征。

①交通运输系统是"人—机系统"

在由交通运输对象、交通运输设施设备、交通信息和人员组成的交通运输系统中，交通运输管理者和从业者运用有形的运输设备、装卸搬运机械、仓库、港口等设施和工具，以无形的思想、方法、信息作用于运输对象，形成一系列生产活动。在这一系列运输活动中，人是系统的主体，因而在研究交通运输系统时，必须把人和物两个因素有机结合起来。显然，交通运输系统是一个复合系统。

②交通运输系统是具有层次结构的可分系统

交通运输系统包含多个子系统，并且这些子系统又各有客运和货运两个分系统。这些子系统的多少和层次的阶数，还会随着经济的发展、人们对运输需求的提高和研究的深入而不断扩充。系统和子系统之间、子系统和子系统之间，存在着时间和空间上及资源利用方面的联系；也存在总的目标、总的费用及总的运行结果等方面的相互关系。所以说，交通运输系统是一个可分的多层次系统。

③交通运输系统是跨地域的大系统

随着世界经济的全球化和信息化，运输生产活动早已突破了地域的界限，形成了运输跨地区、跨国界发展的趋势，而跨地域性正是交通运输系统创造空间价值的体现。跨地域的特点使得系统的管理难度较大，对信息的依赖程度较高。因此，交通运输系统是一个大规模系统。

④交通运输系统是动态开放系统

一般的交通运输系统总是联结多个生产企业和客户，随需求、供应、渠道等的变化，系统内的要素及运行经常发生变化。交通运输系统是一个具有满足社会需要、适应环境能力的动态系统。为适应经常变化的社会环境，人们必须对交通运输系统的各组成部分经常不断地修改、完善，这就要求交通运输系统必须具有足够的灵活性与可改变性。

⑤交通运输系统是复杂系统

首先，交通运输系统中各种人力、物力、财力资源的组织和合理利用是一个非常复杂的问题；其次，交通运输系统有各种运输工具，其大小、长度、宽度、容量、行驶速度各不相同，各种运输工具行驶的线路和配套设施差别也很大；最后，从事运输生产活动的人员队伍是极其庞大的。所有这些使得交通运输系统成为结构复杂的系统。

⑥交通运输系统是多目标系统

交通运输系统的总目标是实现宏观和微观的经济效益，但具体目标是多重的，要求高效、快速、经济、舒适、安全、环保，而要同时满足上述要求是很难办到的。这是因为交通运输系统的功能要素之间存在着非常强的"交替损益"或"效益背反"现象，即某一功能要素的优化和利益发生的同时，必然会存在另一个或另几个功能要素的利益损失。这种多个目标冲突的现象在交通运输系统中普遍存在，必须在交通运输系统总目标下对各要素目标协调，才能获得交通运输系统总体最佳的效果。因此，交通运输系统是一个多目标系统。

4. 交通运输系统的性质及地位与作用

（1）交通运输系统的性质

交通运输业是一个不创造新的、可见物质的产业部门，其生产活动不提供具有实物形态的产品，只是实现旅客和货物的时空位移。交通运输系统在整个国民经济大系统中起着纽带的作用。它把社会生产、分配、交换和消费等各个环节有机地联系起来，是保证社会经济活动得以正常运行和发展的前提条件。交通运输系统具有以下性质。

①交通运输系统对于国民经济系统具有基础性。交通运输系统的基础性表现在：工农业生产、人民生活及其他社会经济活动诸方面对交通运输系统有着普遍的需求，交通运输系统是社会经济最基础的子系统，是其他子系统得以有效运转的主要载体，是各子系统之间协调发展的基本条件，也是社会再生产得以延续的不可缺少的基本环节。

②交通运输系统对于空间、地域与时间具有较强的依附性。交通运输系统的依附性，即不可挪动性，要从两个方面来理解：一方面，交通基础设施（路网、港口、车站等）在空间和地域上不能挪用，必须就地兴建，哪里运输能力不够，就要在哪里建设路网和港站，不能把其他地区闲置的运输能力转移过来。另一方面，运输能力在时间上不能挪用。由于运输与生产、消费是同时发生的，运输能

力不像其他行业的产品那样可以储存备用，也不能靠临时突击来解决，而是要长期地、有计划地、持久地建设和积累。

交通运输系统的这一特性决定了交通运输系统的发展和国民经济其他生产子系统的发展在时间上有着密切配合的相关性，而这种相关性又表现为交通运输系统的发展必须适度超前，因为交通运输建设一般投资较大、建设周期较长，从开始兴建到形成综合生产能力，需要一定的过程和时间。同时，交通运输系统的这一特性，决定了交通运输系统的建设在运力上要保持一定的富裕程度。因为各行业对交通运输的需求在时间、运量上都存在着随机性，一定的富裕程度就可以随时使需求得到满足，使整个社会经济系统处于良性循环状态。

③交通运输系统对社会和经济系统的贡献具有间接性和隐蔽性。这是从交通运输系统的基础性派生出来的特征。其主要表现在：第一，它的经济效益除少部分体现在上缴国家的利税外，更重要的蕴含在运输对象拥有者身上。第二，运输需求是从其他社会经济活动中派生出来的，交通运输只是实现目标的手段而并非最终目标。第三，交通运输对国民经济的影响是全局，而交通建设项目本身的效益则主要是通过给国民经济所带来的巨大效益体现的。

④交通运输系统内部各种运输方式在一定程度上具有可替代性。在完成具体的运输任务时，对运输方式、运输工具在一定程度上可以优化选择。交通运输业与邮电通信业之间也存在着某些替代关系。正是由于这种可替代性才使得发展综合运输系统成为可能。

（2）交通运输系统的地位与作用

①交通运输系统是国民经济发展的先决条件。在现代化大生产条件下，无论是现有企业的生产，还是新经济区的开发、新建项目的动工，都必须具备相应的运输条件，考察一个地区投资环境好坏的很重要的标志就是看该地区交通运输的状况。早期水运和铁路的发展，曾为资本主义工业化的生产开辟了道路；19世纪美国西部的开发、20世纪日本及"亚洲四小龙"外向型经济的起飞，都是以优先发展交通运输业为前提的。我国的建设实践也证明了这一点。

②交通运输是实现流通的物质手段。流通的最终目的就是在社会再生产过程中加速商品和资金的周转，而交通运输是实现流通的物质手段。运输发达则可以减少商品流通过程所占用的时间，节约流通费用，加速资金周转。

③交通运输是开发资源、联系城乡、发展横向联合、实现生产合理布局的纽带。资源的开发、经济发达地区的形成，都有赖于交通的开通。比如我国东部交通运输系统较为发达，由此带动了整个东部经济的发展，而西部地区则相对较为落后。尽管西部许多地区资源非常丰富，但由于运输很不发达，所以难以实现全面开发。

随着改革的深入，现阶段我国很多地区发展起来的横向联合企业集团和农、工、贸联合体，都是以运输作为共同开发和协调发展的纽带的。如以长江为纽带，以上海、南京、武汉、重庆四大城市为中心，联合其他中等城市的长江产业经济带；以陇海—兰新铁路为纽带，沿线 10 个省区及连云港、徐州、郑州、洛阳、西安、兰州、乌鲁木齐等城市组成的经济联合等。

④交通运输业是国民经济的重要生产部门，又是工业生产的巨大市场。交通运输业除提供就业、产生直接的经济效益外，其发展也为其他工业部门提供了巨大的市场：铁路、港口、公路、机场的大规模修建促进了建筑业的发展；各种运输机械对金属的需求是采矿业和冶金工业取得迅速发展的动因之一；运输业的巨大能源消耗促进了煤炭和石油工业的兴旺；运输工具的大量生产对机械加工业的发展起着积极的推动作用。交通运输业还是成熟技术应用的广阔市场：新材料、新工艺、新技术在汽车、飞机、造船、铁路装备及通信中的应用十分可观。

⑤交通运输是实行对外开放、发展对外贸易的必备条件。对外开放是我国的基本国策：一方面，我们要通过学习国外先进的技术和经验，增强我国自力更生的能力；另一方面，还要把自己融入国际经济的分工协作和循环中，提高自己在世界市场的竞争能力。这就要求我们既要完善法制、管理水平等"软设施"，又要完善包括通信、运输在内的"硬设施"，为引进技术和投资创造良好的环境。

⑥交通运输对社会精神文明建设起着积极的促进作用。交通运输不仅是国民经济和工农业生产的重要环节，同时也是社会精神文明传播的触角和导线。多年的建设经验表明，运输线路延伸到哪里，就把财富带到哪里，使那里的物质和精神面貌焕然一新。

二、交通运输系统工程分析

交通运输的现代化，需要现代化的管理手段和管理方法，只有运用系统工程这样一门综合性的组织管理技术，才能解决交通运输这样一个复杂大系统的现代化管理问题。

（一）交通运输系统工程的定义

交通运输系统工程是以交通运输系统的整个运输活动为对象，运用系统工程的原则和方法，为运输活动提供最优规划和计划，进行有效的协调和控制，并使之获得最佳经济效益和社会效益的组织管理方法。

（二）运输系统工程的内容

运输系统工程的内容包括运输系统分析、运输系统模型、运输系统预测、运输系统的优化控制、运输系统模拟、运输系统综合评价、运输系统决策、运输决策支持系统、智能运输系统等。

（1）运输系统分析。它包括运输系统的分析技术、运输系统目的分析、运输系统结构分析、运输系统的环境分析。

（2）运输系统模型。它包括运输系统模型的作用、运输系统建模的一般原则和基本步骤、运输系统工程中常用的模型等。

（3）运输系统预测。它包括运输系统预测的意义、运输系统常用的预测方法等。

（4）运输系统的优化控制。它包括运输系统的日常管理控制方法——网络计划评审技术。

（5）运输系统模拟。它包括运输系统模拟的意义、运输系统模拟的主要方法及其在运输系统中的应用。

（6）运输系统综合评价。它包括运输系统评价的意义、运输系统单项指标的评价、运输系统综合评价指标体系的制定、常用的运输系统综合评价方法。

（7）运输系统决策。它包括运输系统决策的意义、决策问题的分类及运输系统常用的决策方法。

（8）运输决策支持系统。它包括决策支持系统的概念，运输决策支持系统的组成、原理和主要内容。

（9）智能运输系统。它包括智能运输系统的现状与发展趋势、智能运输系统的关键技术和主要内容。

第二节　运输系统分析

一、运输系统分析概述

（一）运输系统分析的概念及其要素

1. 系统分析的定义

系统分析广义的解释把系统分析作为系统工程的同义语使用；狭义的解释中，系统分析的重要基础是霍尔三维结构中逻辑维的基本内容。

2. 运输系统分析的定义

根据以上分析，本书在运输系统分析的目的、方法和任务的基础上，定义了运输系统分析。

运输系统分析的目的就是通过运输系统的分析、开发研究得到能够实现系统目的的各种可行方案，然后比较各种可行方案的费用、效益、功能、可靠性及与环境的关系等各种技术经济指标，为决策者做最优决策提供可靠的资料和信息，最终实现各种物流环节的合理衔接，实现物质的空间效益和时间效益，并取得最佳的经济效益。

运输系统分析的方法是采用系统的观点和思想，将定性与定量分析相结合的方法，对所研究结构的目标、系统的结构和功能，系统各因素的状态及它们之间的关系进行分析，提出各种可行方案，并进行比较、评价和协调。

运输系统分析的任务是向决策人提供系统方案和评价意见以及建立新的系统或改造现有系统的建议。

综上所述，运输系统分析的定义可描述为：运输系统分析就是针对运输系统内部所存在的基本问题，采用系统的观点、理论和方法，进行定性与定量相结合的分析，对所研究的问题提出各种可行方案和策略，通过分析对比、全面评价和协调，为达到运输系统的预期目标选出最优方案，实现其空间和时间上的经济效应，为决策者最后判断提供科学的依据和信息。也就是说，运输系统分析就是为决策者选择一个行动的方向，通过对情况的全面分析，对可能采取的方案进行选优，是一种辅助决策方法。

3. 运输系统分析的要素

运输系统分析首先应该明确系统分析的目的及目标，其次是经过研究提出实现目标的各种备选方案，再次通过建立模型并借助模型进行效益—费用分析，再其次根据评价标准对备选方案进行综合评价，确定出备选方案的优先顺序，最后以报告、意见或建议的形式向决策者提供系统分析的结论。

所以，运输系统分析的要素是指运输系统分析的项目，具体包含：目的及目标、备选方案、模型、费用和效益、评价标准和结论等。

（1）目的及目标：目的是对系统的总要求，目标是系统目的的具体化。目的具有整体性和唯一性，目标具有从属性和多样性。目标分析是系统分析的基本工作之一，其任务是确定和分析系统的目的及其目标，分析和确定为达到系统目标所必须具备的系统功能与技术条件。

（2）备选方案是指为达到目标可采取的途径、手段和措施。为了达到预定的系统目的，可以制订若干备选方案，通过对备选方案的分析和比较，从中选择出最优系统方案，这是系统分析中必不可少的一环。

（3）模型是由说明系统本质的主要因素及其相互关系构成的。模型是研究和解决问题的基本框架，可以起到帮助认识系统、模拟系统和优化与改造系统的作用，是对实际系统问题的描述、模拟和抽象。在系统分析中经常通过建立相应的结构模型、数学模型或仿真模型等来规范分析各种备选方案。

（4）费用和效益：各备选方案实现系统目的所需投入或消耗的全部资源折算成货币形式就是费用。简单地说，费用就是实施方案的实际支出，而效益是指方案实施后获得的成效，可统一折算成货币尺度。建立一个系统要有投资，系统建成后要有效益；费用和效益是对方案的约束条件，只有效益大于费用的设计才能是可取的，反之是不可取的。不同的方案必须采用同样的方法估计费用—效益，才能进行有意义的比较。

（5）评价标准是衡量可行性方案优劣的指标，通过评价标准可对各个备选方案进行综合评价，确定出各方案的优劣顺序。标准必须定得恰当，而且要便于度量。常见的评价标准是由一组指标组成的。标准可能包括费用效益比、性能周期比、费用周期比等。有不同的指标体系，应根据不同的要求和科学技术条件具体确定。

（6）结论就是系统分析的结果，具体形式有报告、意见或建议等。结论的作用只是阐明问题与提出处理问题的意见和建议，而不是进行决策。

（二）运输系统分析的特点与准则

1. 运输系统分析的特点

由运输系统分析的定义，可总结出它具有以下四个特点：

（1）以整体为目标

运输系统中，处于各个层次的分系统都分别具有特定的功能和目标，彼此分工合作，才能实现运输系统整体的共同目标。构成运输系统的所有要素都是有机整体的一部分，它们不能脱离整体而独立存在。运输系统总体所具有的性质，是其各个组成部分或要素所没有的，因此，如果只研究解决某些局部问题，而忽略或不重视其他分系统，则运输系整体的效益将受到不利的影响。所以，从事运输系统分析，必须考虑发挥运输系统总体的最高效益，不能只局限于个别分系统，以免顾此失彼。

系统总体目标和局部目标分别与其结构层次的高低相适应，低层次系统的局部目标从属于高层次系统的总体目标。在正常情况下，实现系统的局部目标是达到系统总体目标的手段；个别要素的局部目标只有与系统的总目标相适应时才能顺利实现。

（2）以特定问题为对象

系统分析是一种处理问题的方法，其目的在于寻求解决特定运输问题的最佳策略。许多运输问题都含有不确定的因素，而系统分析就是针对这种不确定情况，研究解决运输问题的各种方案及其可能产生的结果。不同的系统分析所解决的运输问题是不同的，即使对相同的运输系统要求解决不同的问题，也要进行不同的分析，拟定不同的求解方法。所以，系统分析必须以能求得解决特定运输问题的最佳方案为重点。

（3）运用定量分析和其他科学方法

科学研究方法不能单凭想象、臆断、经验或者直觉，在研究许多复杂的交通问题时，必须有准确可靠的数字和资料作为科学决断的依据。有些情况下，在利用数学方法描述有困难时，还要借用于结构模型解析法。

（4）凭借价值判断

进行运输系统分析时，对运输系统中的一些要素，必须从未来发展的观点出发，用某些方法进行科学预测，或者类比以往发生过的事实来推断其将来可能产生的趋势或倾向。由于所提供的资料有许多是不确定的变量，而客观环境又会发生各种变化，因此，在进行运输系统分析时，还要凭借各种价值观念进行判断和选优。

2. 运输系统分析的准则

系统分析没有特定的方法，必须随着分析对象的不同、分析问题的不同而不同。但系统分析所遵循的准则是一致的。

（1）目的性准则

系统的建立总是出于某种需要和目的的，系统分析总是针对所提出的具体目标而展开的。运输系统是具有一定发展规律和趋势的，因此，在进行系统分析时，应在尊重客观规律的前提下，确定运输系统应达到的目标。

（2）整体性准则

系统分析的一个基本思想就是把要研究的对象看作一个有机的整体，以整体效益为目标。各子系统局部效益的最优并不意味着总体系统效益的最优；系统总体的最优有时需要某些子系统放弃最优而实现次优或次最优。所以，进行系统分析，必须全面考虑总体与局部、局部与局部之间的关系，坚持"系统总体效益最优、局部效益服从总体效益"的原则。目前，工业发达国家都在探索实现交通运输一体化、发挥运输综合功能的途径，实现运输活动的整体优化，这就需要依据整体性原则进行系统分析。

（3）外部条件与内部条件相结合的准则

系统的生存和发展是以外部环境为条件的，环境的变化对系统有着很大的影响。对系统的内部进行分析，主要是研究系统的组成要素、要素之间的关系及系统的结构、功能等；而对系统的外部条件进行分析和研究，在于弄清系统目前和将来所处环境的状况，把握系统发展的有利条件和不利因素。所以，在进行系统分析时，必须将系统内外部各种有关因素结合起来综合分析，才能实现系统的最优化。

（4）当前利益与长远利益相结合的准则

进行系统分析的目的是最终实现系统的最优化。所谓系统的最优化包含着两个方面的含义：一是从空间上要求整体最优；二是从时间上要求全过程最优。因此，选择系统方案时，不仅要从当前利益出发，而且还要考虑将来的利益，兼顾可持续发展。不少客观事实表明，一个系统在当前最优不等于在未来也最优；在全过程的某些局部阶段最优，不等于全过程最优。

（5）局部效益与整体效益相结合的准则

系统是由许多子系统组成的，但是当各子系统的效益都很好的时候，系统的整体效益并不一定会好。系统工程在争取系统总体最优时，必须全面考虑整体与局部及局部与局部之间的关系，忽略这一点就很难得到总体最优的效果。

（6）定量分析与定性分析相结合的准则

交通运输系统分析不仅要进行定量分析，而且要进行定性分析。交通运输系统分析总是遵循"定性—定量—定性"这一循环往复的过程，不了解交通运输系统各个方面的性质，就不可能建立起探讨交通运输系统定量关系的数学模型。定性和定量二者结合起来综合分析才能达到优化的目的。

系统工程处理的系统各组成部分之间的关系、系统整体和各个组成部分之间的关系、系统和环境之间的关系及系统的现在和未来之间的关系，一般都是极其复杂的。对这种复杂的关系揭示得越清晰、越深刻、越精确，就越能够取得最佳的综合运用效果。

（三）运输系统分析的要点与步骤

1. 运输系统分析的要点

当要对某个系统任务进行开发时，首先要对该系统进行分析，即先设定一系列的问题，然后对这些问题进行分析研究，直至找到满意的解决问题的对策。

2. 运输系统分析的步骤

运输系统分析的一般步骤：在通过对系统所处的现状进行分析之后，明确系统所要解决的问题，根据问题确立要达到的目标，然后寻找能达到目标的不同备选方案，再建立系统的模型，通过模型对备选方案进行评价，优选出最优或次优的可行方案。

二、运输系统目标分析

（一）系统目标分析的意义

系统目标分析是系统分析与系统设计的出发点，是系统目的分析的具体化。通过制定目标，把系统所应达到的各种要求落到实处。系统目标分析的目的：一是论证目标的合理性、可行性；二是获得分析的结果——目标集。应当指出的是，在系统目的和目的系统提出的方式上有时会发生主观愿望较多而客观根据较少的情况。系统目标分析的首要目的就是通过分析和论证，说明总目标建立的合理性，确定系统建立的社会价值，这样就可扫除盲目性，从而避免各种可能的损失和浪费。

对系统目标进行分析，正确地确定系统目标，具有十分重要的意义。因为系统目标的确定将关系到整个系统的方向、范围、投资、周期、人员分配等决策。不少客观实践证明，只有目标明确、有科学依据、符合客观实际，才能产生具有预期价值的系统。当目的不明确、不合理或根本就是错误的时候，就会使开发出的系统变得毫无意义，其结果只能是浪费大量的人力、物力、财力和时间。

（二）系统目标分析的原则

在进行系统目标分析时，必须遵循以下原则。

1. 技术上的先进性。

2. 经济上的合理性和有效性。

3. 和其他系统的兼容性和协调性。

4. 对客观环境变化的适应性。

（三）运输系统目标分析的内容

1. 系统目标分析的必要性

系统目标分析的必要性是指改造或新建一个系统究竟是否必要。对这个问题可以从以下四个方面来判断。

（1）现有系统的适应性

现有系统是否出现了与客观环境不适应，或是出现了与国民经济发展不适应的情况。例如，由于石油危机，原来耗油多的大型、豪华型轿车就不再能够适应新的环境，而必须研制生产节油的小型轿车，日本正是看准了这种趋势，及时开发节能小型汽车，才取得了巨大的成功的。再如，在水上运输系统方面，船舶向大型化，码头建设向专业化、深水化方面发展，这就要求要大力提高港口的装卸能力，码头的装卸工艺及其机械设备也要向大型、高效、自动化的方向发展，否则，就不能适应客观环境的要求。

（2）现有系统的先进性

由于科学技术的进步，现有系统是否过于落后而必须发展新系统。例如，港口设备不足，设备陈旧、落后，并有新技术可供采用时，就必须引进新设备、新技术。再如，原有的水运通信系统和导航系统的技术、设施早已落后，必须采用新的导航通信设备。目前，在水运系统广泛采用计算机技术和最新的通信技术，就是为了使水运业的管理信息系统实现现代化和电子化。

（3）现有系统的竞争性

在客观环境中是否出现了功能超过现有系统的竞争系统，如运输系统工艺的变革、新的替代方式的出现等。例如，铁路运输方面，最初采用的是蒸汽机车，以后又相继出现了功能更强、性能更好的内燃机车和电力机车，那么，就应该尽快研制、使用新的动力系统，以便整个系统的性能进一步提高。

（4）系统用户的新要求

系统的用户如果有新的要求，就必须根据新的要求改造原有的系统或研制新的系统。例如，区域经济的开发、产业结构的调整，产生新的运输需求。再如，社会、经济的发展，不仅要求有安全、快速、舒适的公路交通设施，而且随着交通量的密集、汽车数量的增长，也要求公路由量的增加到质的提高，要大力加强公路干线的改建和管理工作。在发达国家，从 20 世纪 70 年代开始，公路网里程已基本停止增长，但以原有路网为基础的技术改造工程，以及建设高级和次高级路面的工程仍在继续。

2. 系统目标的可实现性

系统目标的可实现性是指改造或新建一个系统时提出的系统目标在客观上是

否能够实现。如果不能实现，则系统的改造或新建就不能产生实际的效果。对这个问题，可以从以下两个方面来考虑。

（1）系统目标的科学性。系统目标的建立要有科学的依据、充分的论证，不能是空想的、盲目的。

（2）系统目标的可实现性。考虑在现有的技术水平、经济力量、资源条件下是否能够实现系统的目标。

3. 系统目标的完善性

系统目标的完善是指提出的目标是否充分体现了人们对系统特性要求的多样性和系统本身所具有的多层次性特点。如果充分体现了这些特点，就说明系统的目的是比较完善的。对这个问题，可以从以下两个方面来考虑。

（1）人们对系统要求的多样性。人们对系统，特别是对那些庞大而且复杂的系统的特性往往存在着多种要求。例如，设计一辆小汽车，人们有性能好、成本低、耗油少、行驶安全、便于维修和美观大方等多方面的要求，这些要求实际上就是开发汽车系统时所要考虑的系统目标。

（2）考虑系统的多层性。由于系统的多层次特点，在改造或新建系统的内部必然存在着层次不同的各级子系统。在分析系统目标的时候，就必须充分考虑这种多层次的特点，不但要分析系统的总目标，还要分析子系统的目标，包括目标的科学性、可实现性及完善性等。同时，还要考察系统的总目标和各级子系统的局部目标之间、子系统的各个局部目标之间是否协调、是否存在矛盾等。

4. 系统有无具体的指标体系

一个系统可能有多个目标，要分为主要目标和次要目标。为了达到某一系统的目标，往往又规定了许多指标，这些指标虽然在数量上很多，但是，它们是相互关联、相互影响的，构成了系统的指标体系。确定完善科学和切合实际的指标体系非常重要，只有正确地完成了这一步的工作，以后的工作才有依据。

三、运输系统结构分析

（一）基本概念

1. 系统的结构与功能

（1）系统的结构

系统结构是系统内部各要素相互联系、相互作用的方式或秩序，即各要素之间的具体联系和作用形式，是系统保持整体性及具有一定功能的内在依据。

（2）系统的功能

各种系统的特定功能是不一样的，这里从一般意义上阐述系统的功能。

（3）系统结构与系统功能的关系

①结构是完成系统功能的基础。要素与结构是功能的内在根据，功能是要素与结构的外在表现。一定的结构总是表现出一定的功能，一定的功能总是由一定的结构系统产生的。只有依靠结构才能将各个孤立的要素组成一个系统，才能具备所需系统的功能。例如只有把飞机的各个零部件按照设计中规定的结构装配起来，才能形成一个飞行系统，具备飞行功能；如果把同样的零部件乱七八糟地堆放在一起，或不按规定而胡乱地拼在一起，则这些零部件就不会具备飞行功能，因而也不是一个飞行系统。所以说，结构是完成系统功能的基础，或者说系统的功能必须凭借结构才能够实现。

②不同的系统结构产生不同的系统功能和功能效率。系统的结构不仅在量的方面决定着系统功能的有无，而且在质的方面也影响着系统功能的强弱和系统效率的高低。例如，计算机网络是一种信息系统。在计算机台数和功能相同的条件下，采用分布式结构，即各计算机均和两台以上计算机相连，其工作可靠性要比采用集中式或环式结构的高，一般局部故障不会造成网络的瘫痪。如果一个运输管理系统在结构上庞大臃肿、互相重叠，管理功能自然不强，效率自然不高。

系统的结构对系统的功能之所以有这样大的影响，是因为结构不同组成系统各个要素互相之间的关系和影响就不会完全相同，因而它们所起的协同作用也就有所差别。合理的结构必然有利于增强组成系统的各个要素之间的联系与影响，有利于增强各个要素联系在一起后所起的协同作用，从而使系统内部及系统和环境之间的物质、能量、信息的流动方向、流动速度更加合理，变换和转换效率更高。所以，最优的系统结构必然有利于产生最优的系统功能和最高的功能效率。

2. 运输系统结构的概念

综合运输系统的结构，就是组成该运输系统的各个系统（要素），如铁路运输系统、水运系统、航空运输系统、公路运输系统，在数量上的比例和空间上、时间上的联系方式。

（二）运输系统结构分析的任务

系统结构分析是确定和优化系统构成要素相互关系、层次分析和整体协调的分析过程。

1. 系统结构分析的目的

系统结构分析的目的，就是找出系统构成上整体性、相关性、集合性、层次性等表征方面的规律，即系统应具备的合理结构的规律。也就是说，要在保证系统总目标和环境约束集的条件下，在系统组成要素、要素之间的相互关系集，以及要素集和相互集阶层分布最优结合并能给出最优组合效果的前提下，能够得到最优系统输出的系统结构，即系统合理结构。

运输系统结构分析的目的，就是要弄清和理顺运输系统各构成要素（子系统）之间的关系，为实现系统功能而建立起优良的系统结构。

2. 运输系统结构分析的任务

由于系统的结构决定系统的功能，而且最优的系统结构有利于产生最优的系统功能和最高的系统功能效率，据此得出运输系统结构分析的任务。

（1）系统组成要素及系统结构分析

分析运输系统由哪些要素组成，这些要素之间具有什么样的关系，这些关系产生什么样的系统结构等。

（2）系统结构的稳定性分析

系统结构的稳定性表示系统在其寿命周期内可靠地完成系统应有功能的能力。系统要发挥其功能，保持良好的结构和稳定的运行状态，就必须重视系统结构稳定性分析。

（3）系统结构的合理性分析

结构决定功能，合理的结构必产生优良的功能。进行运输系统结构的合理性分析，就是要想办法创造结构优良的运输系统，防止运输系统的优良结构转化为不良结构；改进结构不良的运输系统，使其向有利的方向转化。

一个运输系统的结构优良与否，包含两个方面的含义：一是运输系统与国民经济其他系统之间保持一种协调发展的比例关系；二是运输系统内部，铁路、公路、水运、航空、管道五种运输方式之间保持一种优化的比例。

从上述三个方面控制运输系统的结构，是为了提高运输系统的功能，但是运输系统的功能是多方面的，各种功能往往是互相联系、互相制约、互相影响的，所以，在处理运输系统结构的时候，一定要全面考虑运输系统的各种功能及各种功能之间的关系。

（三）系统要素集的分析

为达到系统给定的功能要求，即达到对应于系统总目标所应具有的系统作用，系统必须有相应的组成部分，即系统要素集。系统要素集的确定可在目标分析的基础上进行。当系统目标分析取得不同目标和目标单元的同时，系统的要素集也就相应地产生。对应于总目标分解后的分目标和目标单元，要搜索出能完成此目标的实体部分。这些要素与系统的目标集是一一对应的。

（四）系统相关性的分析

系统要素集的确定只是已经根据目标集的要求明确了各种所需的要素或功能单元，但它们能否达到目标要求，还要看相互关系如何，这就提出了系统的相关性分析的问题。系统的属性不仅取决于它的组成要素的质量和合理性，还取决于要素之间所保持的某些关系。例如同样的砖、瓦、砂、石、木、水泥可以盖出高质量的漂亮楼房，也可以盖出质量低下、不能使用的楼房；同样的符合标准的机械零部件，可以装出符合质量要求的产品，也可能装出达不到质量要求的次品。

（五）系统阶层性的分析

大多数的系统都是以多阶层递阶形式存在的。哪些要素应属于同一阶层，阶层之间应保持何种关系，以及阶层的层数和层次内要素的数量等都有很多重要的关系。对这些关系的研究将从系统的本质上加深对系统结构的认识，从而揭示事物合理存在的客观规律，这就是提出系统的阶层性分析的理论依据。为了实现给定的目标，系统或分系统必须具备某种相应的功能，这些功能是通过要素的一定组合和结合来实现的。由于系统目标的多样性和复杂性，任何单一或比较简单的功能都不能达到目的，需要组成功能团和功能团的联合。

（六）系统整体性的分析

系统整体性的分析是系统结构分析的核心，是解决系统整体协调和整体最优化的基础。上述的系统要素集、关系集和阶层关系的分析，在某种程度上都是研究问题的一个侧面，它的合理化或优化还不足以说明整体的性质。整体性分析要综合上述分析结果，从整体最优上进行概括和协调，即要使 X、R、C 达到最优结合，取得 P 函数最大值和总体最优输出。

（七）系统结构模型化技术

系统是由许多具有一定功能的要素所组成的，而各个要素之间总是存在着相互促进或相互制约的逻辑关系。为此，当我们新建或改造一个系统的时候，首先要了解系统中各要素间存在怎样的关系。只有这样，才能更好地完成开发或改造系统的任务。要了解各要素之间的关系，就需要建立系统的结构模型。

建立结构模型的方法包括只着眼于系统组成要素间有无关联的 ISM 方法（解析结构模型）、用具体数值表示关联度的 DEMATEL 方法（决策与试验评价实验室）。

四、运输系统环境分析

（一）运输系统环境分析的意义

运输系统工程的目的是实现运输系统的总体最优化。要达到此目的，就必须全面考虑运输系统各子系统之间、运输系统与环境之间的关系。

1. 系统之间的关系保持协调是系统功能发挥的保证

在研究系统的结构时，我们曾明确地指出过：结构是完成系统功能的基础，最优的结构有利于产生最优的功能和最高的功能效率。这就是说，系统的功能不完全取决于系统的结构。系统的结构再好，如果外部环境不能正常地为它提供输出，或不能正常地接受它的输出，或不断地对它进行干扰和破坏，这个系统的功能潜力是很难充分发挥出来的，甚至根本无法正常地执行系统的功能。

2. 系统之间物质、能量和信息的交换关系是影响系统功能的主导关系

系统之间的关系是多种多样的，有层次关系、包含关系、并列关系等，究竟哪一种关系对系统功能影响起主导作用呢？事实表明，对系统功能起主导作用的关系是系统间物质、能量和信息的交换关系。这种关系是系统在交换物质、能量或信息的过程中产生的。这种关系若出了问题，物质、能量或信息的流动、变换、转化与循环就会受到阻碍，系统的功能自然就不会正常。所以，研究这种关系对系统功能的影响及它的形成法则，对科学地规划、设计、管理和控制系统有着极为重要的意义。

（二）系统与环境的关系

系统和环境之间的相互影响，主要是通过物质、能量和信息的交换引起的。由于客观世界本身是一个多层次的大系统，某一系统的环境实际上是由另一些系统形成的，所以系统与环境之间的交换关系可以归结为系统和系统之间的交换关系。

由于一个系统对另一个系统的输入、输出起的作用不同，因而，系统间存在的关系就不同。归纳起来，有以下四种关系。

1. 互依关系

如果甲系统需要的某种物质、能量或信息是由乙系统的输出供应的，那么甲乙两系统之间的关系就叫作互依关系。如交通运输系统与整个国民经济系统之间就是一种互依关系。互依关系在有的情况下表现为一种"互补关系"，例如，交通运输系统与国民经济系统之间也可以说是一种互补关系。

2. 竞争关系

如果甲乙两系统需要同一种输入，且都是由丙系统的输出供应的，或者丙系

统需要的某种输入是由甲乙两系统的输出供应的，且甲乙两系统之间再没有其他物质、能量或信息的交换关系，那么，甲乙两系统之间的关系就叫作竞争关系。

在交通运输系统中，各种不同运输方式如铁路运输、水路运输、公路运输、航空运输之间存在的就是既竞争又互补的关系。

运输系统之间的互补关系，表现为在待定的环境和条件下，必须由几种运输方式同时参与才能够完成某种运输任务；而运输系统之间的竞争关系，则表现为在运输系统中各种运输方式之间的可替代性，由此产生了各子系统之间的竞争关系。

系统之间的竞争可能会导致两种不同的结果：①竞争促进了系统竞争力的提高，使系统的功能不断得到改进；②竞争会导致竞争力弱的系统功能下降、瘫痪，甚至崩溃。例如，市场经济中小企业、小工厂因竞争能力弱而竞争失败倒闭的就属于后者。了解了竞争系统之间的这种关系以及竞争所可能产生的后果，就要充分利用竞争有利的一面，并对竞争施以适当的控制，以防止不良竞争后果的出现。

3. 吞食关系

如果甲系统的输入是乙系统本身，而且乙系统进入甲系统后，经甲系统的变换作为原系统的基本属性完全消失，那么甲乙两系统之间的关系就叫作吞食关系。甲系统叫作吞食系统，乙系统叫作被吞食系统。如旧轮船拆卸回炉和旧轮船之间的关系。

4. 破坏关系

如果甲系统的输出传给乙系统后，或甲系统掠取乙系统的组成元素作为自己的输入后，削弱了乙系统的功能，或导致乙系统瘫痪甚至崩溃，那么，甲乙两系统之间的关系就叫作破坏关系。交通运输系统给自然环境系统带来的污染、噪声等，就是对自然环境系统的破坏。

（三）交通运输系统与环境

一般来说，就交通运输系统对环境系统的影响而言，它可以起积极作用，也可以起消极作用。在分析交通运输系统和环境之间的相互影响时，可以从下列四个方面着手。

1. 如果系统和环境是依存关系，那么，环境对系统的输入或系统对环境的输出是否稳定

一个系统要正常地维持系统的功能，环境就必须对系统提供正常的输入和正常地接受系统的输出，即环境对系统的输入与系统对环境的输出都要保持稳定性，包括数量的稳定和质量的稳定，在考虑改建和新建系统的时候都必须充分考虑这个问题。例如，在考虑新建或扩建某个港口的时候，就必须考虑该地区经济的发展、货运量的变化、腹地（消费地和生产地）的性质、地理条件，以及建港技术的发展和腹地城市的要求等，以此决定是否要建、建多大的规模。不考虑这些因素，盲目地开工建设，就很可能会因没有稳定可靠的输入、输出做保障，导致系统不能正常执行其功能。

2. 在环境包含的各个系统中是否与新建或改建的系统有竞争关系

由于系统间的激烈竞争可导致竞争力弱的系统瘫痪甚至崩溃，所以，在规划和设计新的系统或改造原有系统时，必须控制好系统的规模，或在更高层次内协调这些竞争系统和环境之间的关系，认真做好系统间输入、输出的综合平衡。过去，我国在经济建设中，综合平衡工作是很有成绩的，但后来一度出现了不少盲目建厂和重复建厂的现象，造成某些工厂和企业原材料、能源和设备供应不足，不能全部开工或营业，某些产品又由于超过需求而大量积压。目前，在经济调整中对某些工厂或企业实行关、停、并、转，正是为了恢复综合平衡，使各个系统的输入和输出都能相对保持稳定。

3. 环境对系统提供输入或系统对环境提供输出时是否存在着破坏关系

国民经济的发展依赖交通运输业的发展，交通运输业的发展反过来又促进了国民经济的进一步发展。然而，交通运输设施的建设对环境会造成一定的影响：如港口设施会引起海流的变化、海岸坍塌，并对水生物等有影响；又如交通设施造成的环境污染、噪声和振动等。因此，无论是新建还是改建一个系统，或是在设计、管理一个系统的时候，都要对系统可能会产生的破坏作用予以充分的估计，并加以认真防范。

4. 环境和系统间是否存在着吞食关系

如果系统和环境之间存在着吞食关系，那么就必须充分注意系统的吞食强度和环境的再生能力之间的关系，力求使两者之间保持平衡。

总之，交通运输系统要最优地实现它的功能，首先必须有优良的结构，因为系统的结构决定系统的功能。但是，运输系统表现出哪些功能，却是由运输系统本身与它的环境共同决定的。在一定的条件下，外部环境会影响运输系统的结构、运输系统的有序度和运输系统的功能，注重对运输系统环境的分析，就是不仅要注意运输系统内部各要素之间关系的协调，而且要考虑运输系统与环境的关系。只有运输系统内部关系与外部关系相互协调、统一，才能全面地发挥它的功能，保证运输系统向整体最优的方向发展。

第三节　智能运输系统

一、概述

（一）智能运输系统（ITS）概念

交通运输的发展促进了社会经济快速发展，经济的快速增长又促使汽车数量的急剧增加，这一循环发展到 20 世纪六七十年代，导致了许多大中城市已有的道路远不能满足交通发展需要的局面，交通供求关系日益恶化，交通事故急剧增长，交通阻塞普遍存在，环境污染日益严重。为了改善交通系统供求矛盾，人们进行了多种尝试。首先是增加道路供给，通过新建道路来缓解交通系统供需矛盾，经过长期的实践与广泛的研究发现，单单依靠修建更多的道路、扩大路网规模这种外延发展的途径来解决日益增长的交通需求问题并不是很有效，增加道路供给最终要受制于城市有限的土地资源。除了新建道路，人们在交通管理和交通工程中也不断地尝试了许多新方法来提高道路的通行能力，例如改进道路信号控制、采用道路可变信号、在交通高峰期改变车道的方向等措施和方法。事实证明，这在一定程度上缓解了交通拥挤状况，但是，这些方法实施的规则是针对预先建立的日常重复的交通模式，并不能对交通阻塞做出实时的动态反应，也不能根据具体情况迅速改变交通处理方案。随着计算机技术、信息技术、通信技术、电子控制技术、传感器技术等的飞速发展，人们意识到利用这些新技术把车辆、道路、使用者紧密结合起来，不仅能够有效地解决交通阻塞问题，而且对交通事故的应急处理、环境的保护、能源的节约等都有显著的效果。于是，人们充分利用系统的观点，对运输系统进行重新审视，采用高新技术来改造现有道路运输系统及其管理体系，走内涵发展的道路，通过提高现有交通系统利用效率来改善交通系统供求矛盾。20 世纪 60 年代末期，美国开始了智能运输系统（Intelligent Transportation Systems，ITS）方面的研究，之后，欧洲、日本等也相继加入这一行列。经过几十年的发展，美国、欧洲、日本成为世界 ITS 研究的三大基地，以"保障安全、提高效益、改善环境、节约能源"为目标的 ITS 理念逐步在全球形成。

智能运输系统是一种全方位、实时准确、高效的综合运输系统。它是在较完善的道路设施基础上，将先进的科学理论和科学技术集成运用于道路交通运输的全过程，加强了车、路、人三者之间的联系，并且通过智能化收集、分析交通数据，将经过处理的信息反馈给系统的操作者或驾驶员，使系统的操作者或驾驶员借助于这样的交通信息，迅速做出反应，从而使交通状况得到改善。智能运输系统强调的是系统性、实时性、信息交流的交互性及服务的广泛性，与原来意义上的交通管理和交通工程有着本质的区别。

智能运输系统是利用高新技术对传统的运输系统进行改造而形成的一种信息化、智能化、社会化的新型运输系统。它使交通基础设施能发挥出最大的效能，提高服务质量；使社会能够高效地使用交通设施和能源，从而获得巨大的社会经济效益。主要表现在：提高交通的安全水平；减少阻塞，增加交通的机动性；降低汽车运输对环境的影响；提高道路网的通行能力和提高汽车运输生产率与经济效益。

（二）ITS 的应用范围

随着 ITS 研究的不断深入，ITS 应用也逐步展开，到目前为止，ITS 的应用范围主要可分为：

1. 先进的交通信息服务系统（ATIS）

先进的交通信息服务系统是建立在完善的信息网络基础上的。利用交通信息采集设备及人工方式获得各种交通信息，并通过传输设备传送到交通信息中心；

交通信息中心得到这些信息后经过处理，实时向交通参与者提供道路交通信息、公共交通信息、换乘信息、停车信息、气象信息等；出行者可以根据这些信息确定自己的出行方式、路径选择。

2. 先进的交通管理系统（ATMS）

先进的交通管理系统面向交通管理者，通过对交通运输系统中的交通状况、交通事故、天气状况、交通环境等进行实时的数据采集和分析，从而对交通进行管理和控制。

3. 先进的公共交通系统（APTS）

先进的公共交通系统主要用来收集公共交通实时运行情况，实施公共交通优先通行措施。此外，通过向公共交通经营者提供基础数据，强化经营管理效率；通过向公共交通的使用者提供公共交通信息，从而提高公共交通利用率。

4. 先进的车辆控制系统（AVCS）

先进的车辆控制系统利用先进的传感、通信和自动控制技术，给驾驶员提供各种形式的驾驶安全保障措施。系统具有对障碍物的自动识别和报警，自动转向、报警，保持行驶安全距离、自动避撞等功能，目前正在不断努力研究开发车辆全自动驾驶功能。

5. 商用车管理系统（CVMS）

商用车管理系统通过接收各种交通信息，对商用车辆进行合理调度，包括为驾驶员提供路况信息、道路构造物（桥梁、隧道）信息、限度、危险路段信息等辅助驾驶员驾驶车辆；特别是对危险品运输车辆，提供全程跟踪监控、危险情况自动报警、自动求救等服务。

6. 电子收费系统（ETC）

电子收费系统通过与安装于车辆上的电子卡或电子标签进行通信，实现计算机自动收取道路通行费、运输费和停车费等，以减少使用现金带来的延误，提高道路通行能力和效率，同时电子收费系统可自动统计的车辆数，可以作为交通信息的一种来源加以利用。

7. 紧急事件管理与救援系统（EMS）

紧急事件管理与救援系统主要利用多种技术手段对突发交通事故进行管理和救援，包括处理预案的生成、救援车辆的调度、现场处理与交通调度、事后恢复等。

二、智能运输系统体系框架

ITS体系框架是按照结构化分析方法，以各类用户对ITS的实际需求为出发点，分别从用户服务角度、逻辑功能组织角度、系统物理实现角度对ITS这一复杂大系统进行全方位的描述，定义ITS的系统结构，明确ITS与外界及ITS各组成部分间的信息交互和系统集成方式，为系统充分整合提供依据，并为ITS的系统规划、设计和建设奠定基础。

（一）ITS用户主体、服务主体与终端

ITS服务主体和用户主体是服务与被服务的关系，确定了用户主体和服务主体，也就明确了ITS供需关系的双方，是ITS用户服务、用户子服务描述的前提与基础。ITS终端是发送信息给系统内子系统或从子系统接收信息的外部实体，是系统与外部世界的连接，是ITS通信、控制等功能实现的必要前提，是ITS必不可少的重要组成部分。

1. ITS用户主体

ITS用户主体是指接受ITS服务的一方，是ITS服务的对象。每一个用户服务或子服务都有相应的用户主体和服务主体。

在确定ITS用户主体时，一方面要考虑与国际接轨，需要参考ISO已经公布的相关标准；另一方面又要关注本国的实际情况，结合本国具体的交通现状、管理体制等因素。综合考虑以上两个方面，我国ITS体系框架中将用户主体分为六大类：道路使用者、道路建设者、交通管理者、运营管理者、公共安全负责部门、相关团体。

从细分的用户主体来看，ITS用户主体可分为两种类型：法人用户主体和自然人用户主体，法人用户主体包含管理部门、研究机构和相关经营单位；自然人用户主体主要是各类出行者。法人用户主体随不同区域交通管理体制的差异及区域综合交通体系的特点而有所不同，但不会导致区域ITS服务体系的功能变化；各区域自然人用户主体在类别上不存在差异，但数量上随区域人口、地理位置、经济发展水平等因素的不同而变化。

2. ITS 服务主体

ITS 服务主体是指提供 ITS 服务的一方。尽管国家 ITS 体系框架中按行业管理与经营活动来划分的 ITS 服务主体对人们理解 ITS 服务体系具有重要意义，但 ITS 服务范围广、环节多、关系复杂，ITS 服务活动需要不同主体的分工协作才能实现，在 ITS 及其子系统究竟由谁来运营管理未确定之前，ITS 服务主体身份是难以确定的，即使予以确定，也仅仅只是理论上的 ITS 服务主体。在 ITS 实施中，实际的服务主体与理论上的服务主体会出现差异，可以从广义和狭义上来理解 ITS 服务主体。

（1）广义的 ITS 服务主体是指 ITS 服务活动的参与者。从数据收集、处理、加工成 ITS 标准化服务信息，再通过选择一定的媒体向 ITS 用户提供信息服务，ITS 服务需要经历一系列环节，涉及众多的部门、单位，凡是参与 ITS 服务活动的部门、单位，都可以被视为广义的 ITS 服务主体。ITS 框架中的服务主体可以从广义的 ITS 服务主体的角度来理解。

中国 ITS 体系框架根据用户需求分析的结果，按行业管理与经营活动来划分，最终将服务主体分为九大类：交通管理、公共交通、交通信息服务、紧急救援、基础设施、货物运输、产品/设备制造、产品服务、政府执法部门。

（2）狭义的 ITS 服务主体是指依法设立，取得 ITS 服务资质，直接向用户提供 ITS 服务者。

尽管 ITS 服务主体列表中的服务主体明确具体，但不难看出，部分服务主体在 ITS 实施中是较难承担起 ITS 用户服务职责的。首先，从经济性来看，由某一管理部门或经营单位独立提供完整的 ITS 服务并不经济。这使得现行的交通管理部门、经营单位可能参与 ITS 服务部分环节的工作，但没有必要提供完整的 ITS 标准化信息服务。因而其中的部分管理部门、经营单位可能不对 ITS 用户提供直接的信息服务。其次，由于 ITS 信息服务所需要的数据不局限于某一个行业领域或经营单位，从而需要有专门的机构来进行协调、整合才能保证 ITS 信息服务功能的实现，因而也会使部分管理部门、经营单位不对 ITS 用户提供直接的信息服务。最后，部分 ITS 信息服务需要采用有偿方式提供，从而涉及 ITS 信息的知识产权问题，以及在服务过程中因一方遭受损失而导致的经济纠纷问题，在法律上要求对 ITS 服务主体进行认定，需要明确遭受损失的直接原因所在，因而明确狭义的 ITS 服务主体十分必要。中国 ITS 体系框架中服务主体列表中的服务主体是 ITS 实施时可能的服务主体，真正直接为 ITS 用户提供服务的不一定必须是该列表中的全部服务主体。

狭义的 ITS 服务主体设计可以通过功能设计方法，结合区域 ITS 发展战略，根据 ITS 信息处理与发布方式来确定。

ITS 的发展可以采用全面推进或分阶段逐步实施的发展战略，不同的发展战略必然导致区域 ITS 运营模式上的差异。ITS 服务体系中各服务子系统在 ITS 信息处理和发布方式方面也可以有不同的选择，从而形成 ITS 不同的运营模式。不同的 ITS 运营模式将使狭义的 ITS 服务主体发生变化。根据 ITS 信息处理和发布方式，可以将 ITS 用户服务体系分为分布式、集中式和混合式三种运营模式。

在分布式 ITS 服务体系运营模式下，区域 ITS 服务系统中各服务子系统直接为用户提供信息服务，因而各服务子系统便是区域 ITS 的服务主体。

在集中式 ITS 服务体系运营模式下，区域 ITS 服务系统中各服务子系统仅仅完成基础数据的采集，不直接为用户提供信息服务，因而各服务子系统不能成为区域狭义的 ITS 服务主体。只有区域 ITS 运营机构直接为 ITS 用户提供信息服务，才能成为区域唯一的狭义的 ITS 服务主体。

在混合式 ITS 服务体系运营模式下，区域 ITS 服务系统中部分服务子系统仅仅完成基础数据的采集，不直接为用户提供信息服务，因而该部分服务子系统不能成为区域狭义的 ITS 服务主体。只有区域 ITS 运营机构和另一部分服务子系统直接为 ITS 用户提供信息服务，才能成为区域狭义的 ITS 服务主体。

3. 终端

终端限定了 ITS 的系统边界范围。终端定义的意义在于定义了每个终端的功能并确定了系统的边界，是构建逻辑框架与物理框架的前提。

（二）服务领域、用户服务和子服务

国家 ITS 体系框架用户服务体系分为服务领域、用户服务、子服务三个层次，对每一个用户服务或子服务都进行了详细的描述，并说明了其用户主体和服务主体。国家 ITS 体系框架中采用列表的方法来展示 ITS 用户服务领域、用户服务、子服务。该方法不仅可以展示区域 ITS 用户服务领域、用户服务、子服务，而且可以对用户服务领域、用户服务、子服务进行详细定义，简便清晰，能理顺各服务、子服务的关系，避免服务功能的交叉与重复，便于服务领域、用户服务、子服务的调整与扩充。

（三）ITS 逻辑框架设计

1. ITS 逻辑框架设计的作用

ITS 逻辑框架描述了系统实现 ITS 用户服务所必须具有的逻辑功能和功能间的数据交互关系。在逻辑框架的构建过程中不考虑具体的体制和技术因素。它只确定满足用户服务需求所必需的系统功能，而不管该功能由哪一个具体的部门实现及如何实现。在 ITS 体系框架开发中，逻辑框架起到承前启后的作用，通过它实现了由用户服务到物理框架的合理转化。

2. 开发方法

ITS 逻辑框架的设计依据是 ITS 用户服务。ITS 逻辑框架开发可以采用比较通用的结构分析方法。逻辑框架建模采用"分解"与"抽象"的方法自顶向下逐步求精，将由用户服务和子服务转化过来的逻辑功能逐层分解，描述系统功能。从用户服务向具体的逻辑功能转化的过程中，由于每一个用户服务所包含的内容不一致，可能会将某些用户服务直接转化到逻辑功能的中间层次，这时就需要将该功能向下进行功能分解，向上进行功能整合。

在进行系统逻辑功能分解与整合的过程中，如果被分解的系统功能之间已经体现出了清晰的数据传递关系，则利用数据流图和数据字典描述功能间的数据交互与数据处理过程。

3. 主要内容

ITS 逻辑框架由逻辑功能层次表、逻辑功能元素定义、数据流图和数据流描述（数据字典）等四个主要部分组成。

功能层次表以层次列表的形式列出了 ITS 由功能域、功能和过程组成的三层逻辑元素体系，直观表示出了逻辑元素间的层次包含关系。逻辑功能元素定义是对逻辑功能层次表中的每一个逻辑功能元素进行简明扼要的描述和说明，明确界定其能够完成的功能。数据流图（DFD）说明了逻辑功能元素间的数据交互关系，描述了信息在系统中的流动和处理情况。数据流图是分层次的，编号采用国家框架的分层编号体系：逻辑顶层数据流图（DFD 0）、各功能之间的数据流图（DFD X）。在数据流图中，数据流表示为一个从起点指向终点的有向箭头，箭头方向表示数据的流向，数据流箭线上面的文字代表数据流名称；椭圆表示逻辑功能元素，其名称写在椭圆内；矩形表示系统终端；圆柱表示数据存储，用于保存需要存储的数据元素。数据流描述表对每一条数据流所包含的内容进行描述和说明，包括数据流名称、起点、终点和数据流描述。数据流是在系统逻辑功能元素之间及功能元素和系统终端之间传递的信息，它代表着 ITS 中"运动的数据"。

（四）ITS 物理框架设计

1. 开发方法

物理框架是对系统逻辑功能的实体化、模型化，通过逻辑功能与物理实体间的映射给出实现用户服务所需功能的物理实体及实体间的互联关系，主要包括系统、子系统、系统模块、物理框架流等基本组成元素。系统的划分重点从便于系统实施的角度出发，并考虑现存管理体制、现有技术条件限制等因素，尽量保证与现行体制相一致。子系统是系统的细化，以实现地点、实际工作流程等为划分依据。系统模块是组成子系统的基础，由于子系统一般具有多个逻辑元素，因此，对子系统所对应的逻辑元素，按照功能类似的原则进行组合，可得到系统模块。物理框架流是逻辑数据流的组合，是 ITS 系统内部、系统与其他系统联系的纽带，也是 ITS 标准建立的基础，据此可得到系统内部、系统与其他系统的接口界面，保证系统的兼容通用。

ITS 物理框架的设计，将逻辑功能转化为能够实现该功能的物理系统模块，将逻辑功能间交互的数据流组合成物理系统模块间传递的框架流。在物理框架设计中综合考虑交通基础设施、通信基础设施及相应的 ITS 应用系统和信息化系统的建设现状、现行管理体制等因素，在此基础上提出符合地域实际的 ITS 物理框架体系。

2. 主要内容

ITS 物理框架主要内容包括物理框架层次表、物理元素描述表、物理框架流表、物理框架流图、应用系统列表及应用系统分析等。其中，应用系统是物理框架中一个重要的组成部分，实现了物理框架与现实系统的对应和联系。

ITS 物理框架的物理元素分为系统、子系统、系统模块三个层次，在物理框架中，用框架流图来直观表述各物理元素间的数据交互关系，每一个框架流图由物理元素和物理框架流组成。物理框架流描述了物理系统元素间的联系，给出了不同物理实体间的交互界面。框架流是在逻辑数据流的基础上得到的，是逻辑数据流的组合。通过框架流，把 ITS 物理系统各元素有机地整合在一起。

由用户服务、逻辑框架、物理框架构成的 ITS 体系框架为 ITS 服务体系、规划、实施计划等提供了依据。

三、智能运输系统保障机制

（一）政策保障

在我国交通领域分块式的行政管理体制下，政府的政策引导、协调作用对发展 ITS 至关重要，ITS 政策保障就是要求政府和交通管理部门制定能满足 ITS 发展所需要的相关政策。ITS 发展需要的政策保障包括政策的适宜性、政策的连贯性、政策执行情况等内容。

1. 政策的适宜性

政策的适宜性主要分析政府、主管部门制定的相关政策对发展 ITS 起促进或妨碍作用，现行政策能否满足发展 ITS 的政策环境需求。除此之外，还主要分析土地使用、资金支持、税收优惠、部门间协调、人才吸引、宣传引导等政策能否满足 ITS 发展的需要。

2. 政策的连贯性

政策的连贯性主要是分析政府、主管部门制定的相关政策的效力期限长短，包括政策稳定性、政策继承性等方面的分析。政策稳定性、政策继承性反映政策的形成机制，以及政策制定、政策管理的水平，是分析 ITS 发展可能遭受的政策环境变化影响的重要方面。ITS 是一个动态系统，不仅需要政府现行政策的支持，还需要把握政策前景，从现行政策中能预见可获得的新政策的支持。ITS 需要巨大的资金投入，投资回收期长，因此，政策的连贯性是 ITS 发展的重要保障。

3. 政策执行情况

政策执行情况主要是分析政府、主管部门制定的相关政策能否真正贯彻执行，反映各级执行机构内部相互间的协调性以及对待政策的严肃性。ITS 的发展不仅需要政府、主管部门制定出有利于 ITS 发展的政策，更重要的是需要把这些政策不折不扣地贯彻落实，ITS 的发展需要对政策执行情况进行分析。

（二）经济保障

ITS 的发展需要强大的经济支持，要求从经济发展现状出发，分析发展 ITS 是否具备的必要经济条件。ITS 发展的经济保障包括经济发展水平分析、经济发展阶段分析、产业结构分析等内容。

1. 经济发展水平

经济发展水平是经济发展程度高低的一种客观反映，也是制定 ITS 发展战略的必要基础。经济发展水平的度量，通常使用的主要指标有国内生产总值（GDP）或国民生产总值（GNP）。也可以通过计算综合指数来衡量，如用建立在经济规模、经济增长活力、区域自我发展能力、工业结构比重、结构转化条件、人口文化素质、技术水平指数、城市化水平指数、居民生活质量指标基础之上，通过几何平均法合成得到一个综合评价指标，即地区经济社会发展水平综合指数来衡量区域经济发展水平。经济保障主要分析区域经济能否提供发展 ITS 必要的经济支持，决定了 ITS 发展的可行性。

2. 经济发展阶段

通过对经济发展阶段的分析，了解经济发展的客观趋势和内在规律，有助于明确一定时期特定经济发展的特点、方向、目标和任务，从而为制定正确的 ITS 发展战略提供科学的决策依据，确保 ITS 与经济的发展形成相互促进的良好关系。

3. 产业结构

通过分析产业结构现状与发展趋势，明确 ITS 的相关产业发展能否支持 ITS 的发展，以及 ITS 的发展能否合理引导产业结构的优化。

（三）技术保障

ITS 是一个多种技术高度集成的系统，对技术依赖度高，没有可靠的技术保障，ITS 的功能难以实现。同时，技术又是发展变化的，要求在发展 ITS 时，认真分析 ITS 技术发展趋势，以免造成 ITS 发展过程中的浪费。

1. 技术的先进性

ITS 是多种先进技术的综合应用，离开先进技术的支持，ITS 的发展将举步维艰。

2. 技术完备性

ITS 需要多种技术的有效融合，某一领域或某一环节的技术薄弱都将可能对 ITS 的发展产生严重的制约。

3. 技术适应性

ITS 技术适应性主要分析 ITS 的技术选择是否适应各区域自然条件的特点，设备的容量能否满足 ITS 发展的需要。

（四）社会文化环境保障

ITS 的发展离不开一定的社会文化环境，它们相互依存、相互影响。社会文化环境对 ITS 的影响表现在两个方面：一是促进 ITS 发展；二是阻碍 ITS 发展。一般而言，ITS 发展若与社会文化环境相适应，那么社会文化环境就会促进区域 ITS 的发展；反之则阻碍 ITS 的发展。

社会文化主要涉及人们价值观念、风俗习惯等方面。价值观念是人们对事物的评价体系，不同的文化背景有不同的价值观念，因而判断是非的标准有很大差别。风俗习惯是民族哲学观念在人们生活中的体现。社会文化直接影响 ITS 的认同度、满意度、消费理念和消费偏好，通过对社会文化环境的分析，以明确 ITS 推进策略和 ITS 的服务定位。

第四章 交通运输经济市场与运输方式

交通运输经济市场是研究运输服务供需关系、价格形成机制和运输企业竞争策略的领域。它关注如何通过市场机制来配置运输资源，以满足社会对运输服务的需求。运输方式的选择是交通运输经济市场的核心问题之一，每种运输方式都有其特定的技术经济特征，如运输成本、速度、灵活性和环境影响等，这些因素共同决定了它们在特定运输任务中的适用性。交通运输经济市场的健康发展，依赖于运输方式之间的合理分工与协调，以及运输服务的质量和效率的持续提升。随着全球化和区域一体化的推进，交通运输经济市场正变得越来越复杂和动态，对运输方式的选择和优化提出了更高的要求。

第一节 交通运输市场与营销理论

一、运输市场的含义与特征

（一）运输市场的含义

1. 运输市场的概念

运输市场产生于运输业形成之时，当运输劳务成为商品时，也即运输生产不是为了自身，而是为了交换，出现了专门从事客运和货运的运输者时，运输市场才有了产生的条件和基础。

运输市场一般有狭义和广义运输市场之分。狭义的运输市场指的是运输经营人提供运输设施和运输服务来满足旅客或者货主对运输需要的活动场所，从形态上可以是感觉得到、看得见、摸得着的场所。

狭义的运输市场重视供求关系的研究和分析，以及交易的规律、交易的实现和交易的保障、交易利益的分析。

广义的运输市场指的是运输产品交换的全过程，以及对运输各要素所进行的协调和调节供求关系、配置运输资源的功能，运输各方竞争活动，运输产品价格的生成和运输企业收益的控制，政府对运输活动的管制和干预等一系列活动过程，是有关运输产品和资源交换关系的总和，其包括运输生产者、运输需求者和运输产品交换各种中间人之间的关系，以及在运输产品交换中发挥作用的一切机构、部门与交换主体之间的关系，政府对运输的影响行为，运输的变化对社会经济的影响等传导机制和功能要素。

市场营销学意义上的运输市场，是以运输生产者或经营者即卖方的视角展开的。运输企业看到的市场是顾客对运输产品的所有实际和潜在的需求，是一个由各种不同成分构成的包含各种购买欲望的、有支付能力的消费者群。运输市场包括三个要素，即有运输需要的人、能满足这种需要的购买力和购买欲望。

以上对运输市场的表述并不存在矛盾，只是各自强调的角度不同而已。

2. 运输市场的基本要素

（1）运输企业、货主和旅客。运输企业、货主和旅客是运输市场的主体。运输企业既包括运输经营企业和运输辅助企业，也包括各种运输方式的运输经营者、港口场站经营者。运输企业是运输市场的供给一方，在运输市场中提供运输服务。

货主和旅客是运输市场的需求一方，包括需要运输的各种经济组织、个人、政府、军队等。他们也是运输市场的主体。

（2）运输产品。运输产品是运输对象所发生的空间移动效果，是运输需求方所希望发生的后果。运输产品是运输市场的客体，运输生产的目的。而作为被运输对象的物品和旅客是运输产品的载体。在运输过程中，运输对象不发生价值和性质的改变。

（3）市场行为。市场行为是指运输的主体双方对运输产品交易的决策和行动过程。也可以说，是运输企业在运输生产中追求利益最大化和运输需求者为实现效用最大化所进行的信息搜寻、决策、交易磋商、承担义务和享受权利的过程。

（4）市场秩序。市场秩序就是市场行为的规律性，也就是运输市场按照市场规律进行自我调节的能力。运输市场的活动要遵循市场经济的基本规律，通过供求关系的互动使各方都实现参与市场活动的目的。如果在市场中各主体的信息不完备，市场不能灵敏地反映价格，没有共同遵从的游戏规则时，就会出现市场失灵的情况，造成市场秩序混乱。只有维持稳定的市场秩序才能保证市场功能的充分发挥，保证运输参与者的利益。

3. 运输市场的分类

运输市场虽然说所提供的是相同的运输产品，但不同的运输方式在运输体系中具有不完全相同的市场参与者和运输对象，而对于运输市场的不同状态表现也具有不同的性质和规律。

（1）按运输方式可分为铁路运输市场、水路运输市场、公路运输市场、航空运输市场和装卸搬运市场。

（2）按运输对象可分为货运市场和客运市场。

（3）按运输范围可分为国际运输市场、国内运输市场和地区运输市场。

（4）按供求关系可分为卖方运输市场、买方运输市场和均势市场。

①卖方运输市场是指运输供给一方占主导地位的运输市场。在这种市场中，运输供给不能满足运输需求，运输价格高涨。在这种市场中运输企业重视追求外延扩大再生产，强调运输数量，往往不重视质量管理、成本管理，忽视技术进步，处在运输卖方市场时运输往往成为限制社会经济发展的"瓶颈"。

②买方运输市场是指在运输市场中运输需求方占主导地位的状态。在买方市场中，运输供大于求，运输竞争激烈，运输价格低廉。在这种市场中，运输方精打细算，以降低成本、提高运输效益为企业管理的核心，故更愿意接受新技术和新的管理方法。基于交通运输的基础设施性质，交通运输应该适当超前于经济发展，因而运输市场的买方市场是常态。但作为国民经济的基础产业，过低的价格也会使得运输业无法积累或维持困难，或者发生不正当竞争行为，也会影响经济发展，政府的适度保护颇为必要。

③均势市场。是运输市场上买卖双方力量对比相当，处于均衡的状态。这是一种比较完善和理想的市场状态，供需大体平衡，价格相对稳定，市场能得到健康的发展。

4. 运输市场的功能

（1）信息传递功能。信息的发布和传递是市场最基本的功能。市场信息的核心是价格信息，伴随价格信息还传递着诸如交易者信息、交易量信息、产品信息等，运输生产者在市场中发布运输产品和价格信息，市场中介机构在市场中传播信息，运输需求者在市场中搜寻信息和确定交易；或者以上相反的过程，由此构成运输市场信息的完整流动过程。

可以说，信息是市场的核心和灵魂，因信息的集中和传递形成了市场，信息是市场的各种功能的基础。因而，无论有形的运输市场还是无形的运输市场，其核心功能都是信息的输入、传递以及信息被使用的过程。

（2）资源配置及优化功能。运输市场不仅进行着运输产品的交换，而且通过供给和需求的竞争产生市场价格。当市场所形成的价格给运输经营者带来巨大的收益时，将会使大量的社会资源流入运输行业，增加运输供给；反之则会使运输资源流出运输行业。同时，市场的优胜劣汰机制会使存在于运输市场中的资源得以优化，强者越强，占有资源越多。

（3）结构调整和产品开发功能。在市场竞争中的运输生产者，为了降低生产成本，获得更高的收益和竞争优势，致力于不断追求新技术的使用，不断扬长避短，发挥最佳的能力和优势，使得运输供给的能力不断增长。

整体运输市场价格的变化，影响到工农业产品运输和流通成本的变化，也使得社会产品的结构发生变化。有价格竞争力的产品就会在很短的时间内扩大市场的占有率，加快产品的推广，但也缩短了产品的生命周期。

（4）分配和监督功能。在市场中，运输供给者向需求者提供运输产品或者服务，从而获得经济收入和报酬；运输需求者支付费用获得运输产品，满足生产和生活的需要，享受消费的效用或者获得其他市场中交换的资源，双方各取所需，重新分配社会资源。

通过市场中不断的信息交换，运输产品消费者不停地比较，使得满足市场需要的运输产品更加受到市场的欢迎，劣质产品被淘汰，实现市场的监督功能。

（二）运输市场的特征

由于运输产品生产过程、运输需求过程，以及运输产品的特殊性，运输市场除具有一般市场共性外，也具有区别于其他产品市场的特殊性。

1. 运输商品的生产、交换、消费的同步性

在其他的商品市场上，商品的生产、交换和消费都是相互独立存在的，商品的购买、出售和消费构成一个整体循环过程，并分为三个阶段。而运输市场则不同，其商品经营者同时也是商品生产者，其生产过程同时又是消费过程，这就形成了生产、交换和消费同步进行的特征。

2. 运输市场的非固定性

运输市场没有有形产品，也不像其他工农业产品市场那样有固定的场所和区域来出售商品，运输市场很难使运输交换过程在固定的场所完全实现。运输活动在开始提供时只是一种"承诺"，即以客票、货票或运输合同等作为契约保证，随着运输生产过程的开始进行，通过一定时间和空间的延伸，在运输生产过程结束时，才将客、货位移的实现所带来的运输劳务全部提供给运输需求者。整个市场交换行为并不局限于一时一地，而是具有较强的广泛性、连续性和区域性。例如，公路运输市场是由站点和线路在很大的范围内组成的，其生产和交换实质上是在线路上流动完成的。虽然公路客货运输过程中有起讫站点，并且在站点装卸货物和上下旅客，但这只是全部交换活动的一部分，而离开了线路，就不能实现运输劳务交换，所以公路运输市场具有显著的非固定性。同样，铁路运输市场、水运市场及航空运输市场也具有此特点。

3. 运输需求的多样性与运输供给的分散性

运输企业以运输劳务的形式服务于社会，服务于运输需求的各个组织或个人。由于运输需求者的经济条件、需求习惯、需求志向等多方面存在较大的差异，必然会对运输劳务或运输活动过程提出各种不同的要求，从而使运输需求呈现出多样性特点。主要表现在：①时间性要求，即按时或迅速使旅客或货物运达目的地。②方便性要求，即乘车方便，托运货物、提取货物方便，各种旅行标志易于识别，购票方便，运输服务周到热情等。③经济性要求，即在满足运输需求的情况下，运输费用经济合理。④舒适性要求，即对旅客运输而言，一般会要求乘用的运输工具舒适。⑤安全性要求，即运输过程必须首先满足旅客或货物的安全移动。

4. 运输供给的不均衡性

市场管理的主要目的之一在于市场供求的均衡发展，价值规律的作用在一定

程度上促使市场供求的均衡发展和供求双方矛盾的调和，要求供求关系在质量、种类等方面保持均衡。

运输市场是一种特殊的市场。由于运输需求的多样性、运输供给的分散性、运输业的"超前发展"和先行地位也要求运输能力应该有一定的储备（经常储备和临时储备）以适应经济发展中的偶然需求。所以，完全做到运输市场的均衡是不可能的。但可以依靠运输市场调节机能的有效发挥，凭借敏感的价值规律的自动反馈和调节系统，使运输市场在供求上力求趋向平衡或使不平衡的差值限制在一定范围之内。运输市场在供求上的不均衡性主要表现在：①各种运输方式之间在供求关系上存在比较大的差别。②在公路运输市场中，竞争不规范化。各种运输方式都会在节假日、旅游旺出现季运输供应不足的情况。造成这种情况的原因主要是货流和客流的分布不均衡性和波动性所引起的。

运输市场是不断发展和变化的，运输市场的特点也在随时间而变化。不同的历史时代，在不同的历史环境下，运输市场也有其不同的特点。

二、运输市场的开拓

市场开拓是一个涉及面较广，而且比较专业化的项目。随着市场竞争日益激烈和市场开拓技术在成功管理企业中越来越发挥作用，因此，在市场经济条件下，市场开拓在运输业中的重要性将日益增大。

（一）提高运输的服务质量

运输是服务。提高运输的服务质量是占领市场份额的首要行为。资金和劳动者的时间都有时间价值，运输应保证货物和旅客在其需要服务的场所与时间得到及时的服务。因此，企业必须通过自己的行为，通过向公众提供优质服务来宣传自己，建立起良好的公共关系。

服务质量可表达为：

①服务的安全性。保证货物完好无损、数量无差错、质量无异味；保证旅客安全，降低事故率。

②运送的速达性和准确性。尽量减少中间环节和各环节中的时间花费，提高运输效率，保证运送工作及时准确。

③运输的经济性。降低运输成本，运输费用低廉。

④服务的方便性。货运手续简便、迅速、层次少，实施一条龙服务，旅客换乘方便，设备良好。

⑤服务的舒适性。设施先进，服务良好，乘坐舒适。

（二）经济的运输价格

在市场经济条件下，市场竞争实质上就是价格竞争。而一般的价格竞争内容在很大程度上就是成本竞争。企业只有努力降低成本，才能使自己在市场竞争中具有较高的竞争能力。

（三）加强宣传性公关

利用大众性传播媒介，如报纸、广告、杂志、广播、电视等为企业进行宣传，宣传企业的优势和企业实力，提高企业形象和知名度，达到建立良好的公共关系目的。在人与人、团体与团体的交往中，应开展公共关系活动，逐渐与有关人员发生联系，加强感情投资，遵信守诺，在此基础上达到互助互惠的目的。

三、运输市场信息系统

（一）建立信息系统的目的和意义

无论是哪个国家、哪个企业，若要占领运输市场，就必须对运输市场开展调查研究，及时、准确地掌握市场的情况，并能预测未来一定时间内的发展趋势。无论国际运输市场或是国内运输市场，都是各个国家、各个集团、各种人物为着自身利益而充满竞争和竭力角逐的场所。特别是已经进入社会化大生产和运用现代科学技术管理的市场的今天，要掌握运输市场的变化动态，了解市场今天和明天的运输供需变化及其规律，为制订运输发展战略方案提供科学依据，那就需要对运输市场进行调查研究，掌握第一手资料。

对运输市场进行调研的重要作用，主要表现在以下五点：

①可为国家进行宏观调控，了解市场运行情况，建立统一、开放、竞争、有序的市场体系，为企业的发展方向提供依据。通过市场调研可以了解运输市场需

要什么，不需要什么、为政府部门制定市场管理决策和确定运输企业的发展方向。

②可以为企业开拓市场、开辟新航线提供依据。如通过市场调查发现新的贸易倾向、新的货种和新运输方式的出现或变化，进而可以考虑开发新市场或新航线，及时调整发展战略。

③运输市场调研是企业发展新船型、新运输方式，进行港口建设的依据，也是企业是否做出要更新产品决策的依据。

④运输市场调研是企业制定运价和港口费率的依据。运输市场运价的制定不仅取决于成本，而且取决于市场的需求现状和竞争者的策略。

⑤运输市场调研是企业改善经营管理、增强企业活力、提高经济效益的前提和基础。通过市场调研，可以了解市场的发展趋势和供求情况，企业根据市场的需求组织合理生产，加速资金周转，实现盈利目标，以提高经济效益。

通过调查，可以掌握运输生产和市场运行的基本信息源，获得价格动态、港、航、货动态，运输动态，企业动态，劳动力动态，从而了解运输供需情况、生产力配置使用情况、价格状况，及时地对市场供求、市场价格、运力配置做出评估；与市场各方交流信息，调整交易活动；对港、航及各运输单位生产经营活动状况进行分析。掌握企业违章违法经营活动状况，综合得出市场运行和秩序状况，做出市场管理决策，调整产业目标、途径、政策，并使之规范化、法律化，从而建立起统一、开放、竞争、有序的市场。

（二）信息系统的传递手段

运输市场信息传递的基本要求是必须实现快速化、科学化和国际化。

1. 市场信息传递要求

（1）快速化。这是运输市场信息传递的最基本和最重要的要求。速度说明效率，没有效率则不能及时反映市场瞬息万变的动态情况。

（2）科学化。这是指必须运用现代先进的科学技术手段来传递情报信息，是搞好信息传递的根本措施和可靠保证。

（3）国际化。这是现代信息传递的必要条件和必然趋热。因为市场行为属国际化经营，则信息的传递也必须国际化。

另外，市场还必须运用各种国际性的商务网络，来达到广泛收集情报、传递信息、共同享用信息的目的。

2. 信息的传递手段

信息传递手段是多种多样的，目前最快捷的是电子传递信息系统。这种手段可以分为以下六种。

（1）电话通信。包括有线电话和无线电话传递。

（2）传真机通信。图文传真机能真实地传递图像和文字。传递快，距离远，失真小。

（3）电脑数据传递。电脑不仅可以成为办公自动化的工具，目前还与多媒体、电子信箱结合，正逐步成为信息传递、存储、处理的理想工具和重要手段，无纸贸易成为现实。

（4）视像通信。这是一种较先进的通信技术和传递信息装置。内装有保密电路板，有特别的视像翻译器，保密性能好。

（5）电报、电传、信函邮件。

（6）卫星通信系统。选择信息传递手段时，不仅要考虑传递的需要、时间的长短、距离的远近、内容的多少和性质、速度快慢等，而且也要考虑传递的费用和本身的支付能力。

3. 信息的分析与处理

许多信息需要进行分析与处理，才能形成质量更高的信息，以便存储管理和利用。信息的分析与处理包含如下内容。

（1）分析信息的时效性。信息在哪一时间内使用的效果最好要进行具体的分析。

（2）分析信息的针对性。针对性的分析是围绕研究的内容，剔除无关资料，以提高信息质量。

（3）分析信息的客观性。信息研究要注意信息的真实性，分析要以客观存在的信息资料为依据。

4. 信息的传递

把经过加工的市场信息适时地传递出去，提供给各个部门的使用者，即是信息的传递。

5. 信息的储存

加工处理后的信息，除使用外，还要留作参考。为此须将信息储存起来，建立档案，妥善保管，以待查用。

（三）信息系统建立的模式

一个系统的建立一般经过系统分析、系统设计和系统实施这几个阶段。这里主要讨论系统的结构模式。

当一个系统确定了它的目标之后，在系统设计时，首先必须确定它的结构模式，根据运输市场的特点，可考虑以下三种模式。

1. 分散型管理系统

由各个职能企业分别承担信息系统的功能，运输市场不设综合的信息系统，港、航、货、站点、代理等部门之间按需要进行信息交流和文件的传递。这种观点属于中心论。

2. 集中型或统一型系统

设立统一信息系统，如建立运输交易市场，由市场管理者统一定期发布港、航、货等动态，定期发布运输价格指数动态，提供统一的场所进行信息交流。按市场约定规则进行运输贸易成交，这种观点属于有中心论。

3. 混合型系统

以上两者结合，根据市场的发育和通信技术，电子数据处理技术的发展，起步之前可先从有中心论开始，总结经验，完善市场规则和体系，然后向无中心论过渡。这是当前世界运输市场发展的轨迹和趋势。

第二节　各种运输方式技术经济特征

一、各种运输方式的基本技术经济特征

各种运输方式虽然大都能提供客、货位移，但由于它们的技术性能（如运送速度、运输能力、通用性、连续性、机动性）、对地理环境的适应程度及经济指

标（运输成本、运输能耗、资金占用量）等不同，因此各有一定的适用范围。

（一）铁路运输

铁路运输是由铁路、车站枢纽设备、机车车辆诸要素协调配合，共同实现客、货位移的现代化运输方式。铁路运输主要有如下技术经济特征。

1. 牵引重量大

机车的牵引力是动力和线路状况的函数。在4%的坡道上，蒸汽机车、内燃机车、电力机车的牵引力分别为4100吨、5700吨、电力机车最大可达9300吨。国外内燃机车和电力机车最大牵引力可达7000~8000吨。

2. 输送能力强

输送能力取决于机车、线路和管理状况。在坡道上，蒸汽机车、内燃机车和电力机车的年输送能力分别为1280万吨、1520万吨和2000万吨，在复线自动闭塞的线路上，年输送能力可达7000万~8000万吨。

3. 长途运输成本低

运输成本与运距、运量及运输密度成反比。铁路运输的重载和高密度，决定它得以保持较低的运营支出。一般来说，铁路运输成本比河运和海运要高一些，但比公路和航空运输要低得多。美国铁路运输成本分别为公路汽车的1/7和航空的1/18。

4. 运输连续性强

凭借独特的钢制固定轨道，铁路能克服自然条件的种种限制，保证一年四季、昼夜不停地连续运输。

5. 运输速度较高。

铁路列车的技术速度较快，但是在货物列车运行过程中，需要进行列车的编组、解体等技术作业，因而运营速度比技术速度要低很多，使货物的送达速度降低。缩短列车的技术作业时间，提高始发直达列车的比重，可以提高货物的送达速度。

6. 基本建设投资大

铁路运输由于固定设施的工程费、建筑材料、劳动力消耗大，因此线路投资高。

7. 能耗少，环境污染程度低

铁路运输是沿着轨道行进的，车辆借助于轮轨接触面间产生的蠕滑力行进，因此，铁路运输轮轨之间的摩擦阻力要小于汽车和飞机受到的摩擦阻力。铁路机车单位功率所能牵引的重量约比汽车高 10 倍，也比飞机高得多，从而铁路运输单位运量的能耗也比公路运输和航空运输小得多。高速旅客列车的能耗按人·千米计不到汽车和飞机的 1/50。由于能耗小，在各种运输中铁路是仅次于水运的对环境影响较小的工具之一。

（二）公路运输

公路汽车运输是发展最快、应用最广、地位日趋重要的一种运输方式。公路汽车运输主要有如下技术经济特征。

1. 直达性好

汽车运输的直达性可转换为三个效益：距离效益，主要指汽车运输可以抄近路，而使运距少于铁路和水运；时间效益，指公路汽车运输的送达速度比铁路、水运快而带来经济效益；质量效益，主要表现为汽车直达运输只要一装一卸，货物损伤少，而铁路运输通常需要多装多卸，货物损伤要大得多。

2. 机动灵活

汽车运输以一人一车为基本特点，体形小，操作方便，又无需铁路那样的专门轨道，对各种自然条件有较强的适应性，机动灵活，农村运输、城市内部运输、城乡联系、铁路和水运港、站旅客和货物的集散，日用百货和鲜货的定期运输，主要由汽车承担。

3. 载运量小

汽车运输运载量小，单车运量在美国也只有 20 吨左右；劳动生产率低，成本高。在苏联，汽车运量分别为铁路和海运的 1/9 和 1/42，劳动生产率分别为铁路和海运的 16 倍和 18 倍。因此，不适于运载大宗、笨重物资。

4. 环境污染严重

公路运输的环境污染比较严重，包括噪声污染、营运车辆的尾气等。欧盟的一项研究统计结果表明，大气污染的 90% 是由公路运输汽车尾气污染引起的。

（三）水路运输

水路运输包括内河运输和海洋运输两种形式，由船舶、航道、港口、泊位诸要素构成，凭借水的浮力与机械动力实现客货位移。水运主要有如下技术经济特征。

1. 线路投资少

水运是线路投资较省的一种运输方式，江河、湖、海为水运提供了天然、廉价的航道，只要稍加治理，建立一些轮船泊位和装卸设备，便可供船只通航。据估计，内河航道单位基建成本只有公路的 1/10、铁路的 1/100；整治航道每千米投资只及公路的 1/10~1/5；而且内河航道的建设还可与兴修水利和修建水电站相结合，取得综合经济效益。

2. 运载量大

水运比其他陆上运输有较大的载运量。内河驳船运载量一般相当于普通列车的 3~5 倍。最大的矿石船可达 28 万吨，超巨型船舶可达 50 万吨。

3. 运输成本低

由于线路投资少和运载量大，内河航运成本分别为铁路运输和公路汽车运输的 1/5 和 1/35，海运成本分别为铁路和公路运输的 1/8 和 1/53。

4. 运输速度较慢

水上运输船舶送达速度慢，船舶的技术速度慢（只有汽车的 1/2、火车的 1/3），在港停泊的时间长（几天到十几天），有些货物要几个月甚至半年才能送到用户手中。

5. 灵活性差

水运受自然环境限制大，因此运输灵活性较差。水运网的分布是自然结果，往往与运输的经济要求不一致，而且很少能直线行驶；灵活性差，往往因航道河流枯水、冰冻以及大风和浓雾而被迫中止运输。

（四）航空运输

航空运输是由飞机、机场、导航设备诸要素协调配合，共同实现客、货位移最快速的一种运输方式。航空运输主要有如下技术经济特点。

1. 速度快

具有先进性能的民航飞机，如波音 737、空客 350 等，飞行速度都在 900 千米/小时以上。这是其他运输方式望尘莫及的。

2. 径路短，不受地面条件影响

航空运输是在三维空间进行的，它几乎不受地面任何障碍物的影响。其能实现两点间的直线运输，并可以到达其他运输方式不能到达的地方。

3. 基建成本低

开辟一条 1000 千米的民航线路，须投资 5 亿元，占地 1 万亩。而新建一条同样长的铁路需要投资 20 亿元，占地 4.5 万亩。

4. 服务频次高

以北京至广州的火车为例，该车次一天的发车频次为 10 趟左右，旅行时间为 9 小时左右。而北京至广州的飞机，一天的航班有 60 班左右，后者的服务频次约为前者的 6 倍。

5. 运输成本高

航空运输的运输成本高，运价昂贵。由于飞机造价高（每架波音 747 飞机的价格为 1.5 亿美元），飞行消耗高级燃料多（人·千米燃料消耗约为汽车的 10 倍、火车的 6.6 倍），运载量较小（最大飞机载重量也只有 40~70 吨），因而它的每吨·千米运输成本相当于公路汽车运输的 7 倍、铁路的 18.6 倍、水路的 146 倍。

6. 易受气候影响

航空运输受天气状况限制大。航空运输主要受惠于空气的浮力，所以气象状况是最大限制因素。早期的飞机机型小、速度慢、燃料容积小，只能在低空飞行，暴雨、大风均使飞行受阻。20 世纪 50 年代后飞机性能得到显著改善，而且人们还用雷达、除冰设备、夜航标及各种辅助设施同恶劣天气做斗争，由天气限制和支配航行的现象比以前大有改善。尽管如此，在冰、飘尘、暴雨和其他异常天气时，飞行仍受干扰，甚至造成事故。

（五）管道运输

管道运输是运输工具与线路合二为一的运输方式。它既可以输送液体和气体

（如石油、天然气），又可输送固体物资（如煤炭、矿石、建材等）。管道运输主要有如下技术经济特征。

1. 工程量小，占地少

由于管道运输只须铺设管线，修建泵站，土石方工程量比修建铁路小得多，而且在平原地区大多埋在地下，不占用农田。

2. 连续性好

管道受自然条件影响小，可保证一年四季昼夜均匀运输。

3. 运输量大

例如美国阿拉斯加原油管道口径为 1210 毫米，每年输送原油达 1 亿吨。我国一条管道口径达 720 毫米的原油干线管道，年输送能力超过 2000 万吨。

4. 运价便宜

按吨·千米能耗计算，管道输送石油，在各种运输方式中是最低的。美国管道运输每吨·千米的运输成本相当于铁路的 21% 和公路的 5%。

5. 污染少

管道运输基本上不污染环境。

6. 投资巨大

管道运输的主要缺点是修建管道、加油站和储油器都要耗费巨额投资。

7. 灵活性差

管道线路一经确定，运量无调节余地，运输弹性小，灵活性差。

综上所述，可以看出，每一种运输方式各自都具有另外一种运输方式所不具有或者不完全具有的优点，即，各种运输方式都有其最有利的适用范围。

从各种运输方式的技术经济特征的某一方面看，一种运输方式较另一运输方式优越的情况是有的，但若全面加以考察，就会发现各种运输方式互有优劣。应该指出，各种运输方式的技术经济特征及其优缺点不是一成不变的。每种运输方式都将随着生产技术和社会经济的发展、科学技术的不断进步、运输条件、运输组织，以及社会的其他一些重要因素（如制度、文化等）的影响而不断发展变化。

二、交通运输方式构成结构分析

（一）各种运输方式结构分析

各种运输方式结构也可以说是中观运输结构，这是从运输业内部考察各种运输方式的相互关系及其构成比例，其内容包括：①客、货运输量构成比例及运输分工和协作。②各种运输方式运网结构及其衔接。③运输投资分配比例关系。考察中观运输结构，目的在于发挥各种运输方式的优势，扬长避短，并采取措施，引导和调控运量分配，建立合理运输结构，在于发现各种运输方式的滞后程度，以便确定建设重点，在于推进运输协作，发展联合运输。

中华人民共和国成立以来，交通运输由比较单一的结构发展为多元结构，铁路、公路、水运、航空和管道五种运输方式客、货运量构成比例和运网发展规模，反映了各种运输方式在综合运输体系中的地位和作用。随着经济的发展、产业结构和产品结构的变化、科学技术的进步、人民生活水平的提高，以及自然地理资源的开发和利用，运输需求发生了变化。

各种运输方式为了适应运输需求，运输分工和客、货运量分配比重也发生了变化。

（二）运输方式内部构成比例

运输活动是在广阔的空间进行的，线长、点多，既有固定设备，又有活动工具，只有资源配置协调，才能使运输生产活动各个环节相互配套，构成比例适当，从而形成最大的运输能力，保证运输任务的完成。

（三）运输结构评价

从货物运输角度来说，2005 年以前，铁路是国内货物运输的主力，但随着全国公路网的完善、高速公路的快速兴起和普及，以及随之而来的公路货运市场的迅猛发展，加之更适应市场机制的空运、水运等其他交通运输方式的不断完善，以计划性为主的铁路货运市场急剧下滑，整体占比已经不足 15%。

第一，我国是幅员辽阔的大陆国家，资源分布大多在西部和北部，而加工工业多分布在东部和南部，物资的长途调运主要靠铁路。

第二，我国产业结构重工业比重大于轻工业比重，长、大、重物资的运输量所占比重也大，这些物质多利用铁路运输。

第三，我国能源结构以煤炭为主。煤炭占国内一次能源生产和消费的比重达到60%左右，其资源主要分布在北方内陆地区，必须靠铁路运输。

第四，铁路运价较低，低于内河水运，更低于公路，由于铁路直达运输往往比铁路—内河水路联运还便宜。

公路运输由于机动灵活，可实现"门到门"运输，更适应市场变化的需要，在中短途运输方面具有优势，所以改革开放40多年来，发展很快，在运输结构中的地位愈来愈重要。

水路运输，特别是沿海和长江运输在进行大宗物资长途运输方面仍具有很大优势，发挥了很大作用。

航空运输在完成长途客运、加强国际交往方面，管道在进行油、气输送方面，都具有突出优势，是其他运输方式很难代替的。

第三节 物流与交通运输经济

一、物流在国民经济中的地位与作用

物流是国民经济的基础和动脉，物流通过不断输送各种物资产品，使生产者不断获得原材料、燃料以保证生产过程的进行，又不断将产品运送给不同的需求者，以使这些需求者的生产、生活得以正常进行，这些相互依赖的存在，是靠物流系统来维持的，国民经济也因此得以成为一个整体。

（一）物流是再生产过程的必要条件和社会生产力的重要组成部分

1. 生产领域中的物流活动，显然是生产过程的重要组成部分。例如工厂内通过汽车、专用铁路及其他运输设备，使生产过程中的原材料、半成品和在制品的位置发生移动，是生产得以进行的重要条件，至于某些生产部门如煤炭、石油等，其生产过程在很大程度上就是运输的过程，毫不夸张地说，如果没有这些物流活动，工农业生产就不能顺利进行。

2. 产品从生产过程中生产出来后，必须通过运输、分配、交换，才能达到消费领域，如果没有运输这个环节，产品的使用价值就难以实现，社会的再生产过程就不可能进行，人们生活的需要也就难以满足。

3. 物流是"第三利润的源泉"。人们在实际的经营活动中，发现流通费用占整个产品成本的比率实在太高，一个企业是如此，一个国家亦是如此，为此，人们通过各种途径开展了物流合理化的研究。物流合理化的研究至少能够收到几个方面的作用：降低物流费用，减少产品成本，缩短生产周期，加快资金周转，提高资金的使用效率；提高产品的市场适应能力，进而增长一个企业、一个供应链、一个行业、一个国家的竞争能力。

（二）物流保证了社会产品的供应并创造了国民收入

物流一般不创造新的物质，不增加社会产品的总数量，但却是社会产品生产过程中所必需的生产劳动。如果是生产过程中的物流，则物流工人、物流设备直接参与物资产品的创造过程；如果是流通中的物流，则它是一个必要的追加的生产过程，产品经物流环节虽然没有使其使用价值发生任何变化，但是由于物流过程中消耗的生产资料价值，以及物流职工新创造的价值追加到产品的价值中，使产品的价值增加了。

（三）物流确保了社会正常的生活和工作秩序

物流活动是社会赖以存在和发展的必要条件之一，特别是随着现代社会经济的发展，没有发达的物流业，社会生产活动，以及人们的正常生活和工作简直无法想象。虽然现代化的信息流将会减少对交通运输的依赖，而更多地依靠现代化的通信设备，但目前信息载体还有相当部分是信函、报纸、杂志和其他印刷品，而这些均由交通运输部门处理。可见，没有完善的交通运输系统，社会就像人患了消化不良、水肿甚至血栓等病一样，不能正常运转。

（四）物流是发展现代化电子商务的必要条件

电子商务形式的出现是流通经济领域的一次革命性变革，是人类由工业经济步入知识经济、信息经济的主要标志，是现代网络经济的特征体现，是一个国家的经济新增长点。近年来，出现了世界性的电子商务热，应该说，电子商务经过多年的发展。历经了几个阶段，取得了极大的发展，但在发展的过程中也暴露出许多问题，如物流环境、网络交易安全、电子支付、法律规范等一系列相关问题阻碍了电子商务的发展，人们意识到只有很好地解决这些"拦路虎"，电子商务才能真正得到广泛应用和发展。现代化的物流系统对电子商务的支持作用是显而易见的，试想，在电子商务下，消费者在网上浏览后，通过轻松点击完成网上购物，但所购货物迟迟不能送到手中，甚至出现了买电视机送茶叶的情况，其结果可想而知，消费者只能放弃电子商务，选择更为安全的传统购物方式，因此，加强物流管理现代化的建设，使其适应电子商务的要求，将推动电子商务的开展。

（五）物流增加国防力量

在战时，无论武器装备何等精良，但若不即时送达前线，就不可能发挥应有的作用。因此，运输线路的畅通程度，特别是铁路、公路的运输能力对国防力量是至关重要的。运输业平时确保社会经济的发展，战时则可以用于国防的需要，充分保障兵力的调集，武器、弹药的后勤支持。历史证明，大力发展物流业，对于国防建设有着重要的作用。

近年来，人们已经认识到，包含交通运输在内的且包括了产品的生产、流通和消费过程中诸环节的物流系统，已成为国家经济在高起点上持续发展的重要基础。随着现代科技、管理和信息技术在物流系统中的广泛应用，物流行业已成为适合于市场经济发展的基础产业之一。

二、交通运输在物流中的作用与地位

交通运输是连接生产、流通、分配、消费、商贸等各个环节，沟通国际间、地区间、城乡间的纽带和桥梁。它在物流过程中起着举足轻重的作用。

（一）运输是构成物流有机系统的核心组成部分

物流活动实质上是一种物资资源配置活动，物流技术实质上是一种物资资源配置技术。它由运输、仓储、包装、搬运、流通加工、物流信息六大功能要素构成，通过对这些要素的有机整合来实现对物资资源在时间和空间的有效合理配置。运输和仓储是其中的核心环节，在其他环节的紧密配合下，共同完成物资在时间和空间上的移动。其中，运输是物流的核心，它贯穿物流产生和结束的全过程，物流通过运输实现商品的价值和使用价值。仓储和运输是构成一个物流系统的两个中心环节，缺一不可。作为物流的中心环节之一，可以说运输是物流中的最重要的功能，运输的作用主要有以下三点。

一是物资部门通过运输解决物资在生产地点和需要地点之间的空间距离问题，从而创造商品的空间价值，以满足社会的需求。无论产品以什么形式存在，也不管是在制造过程中将被转移到下一阶段，还是更接近最终用户，运输都是必不可少的。运输的主要功能就是产品在价值链中来回运动；运输的主要目的就是用最小的时间、环境、财务资源成本，将产品从原地转移到规定地。此外，产品的灭失损坏费用也应该是最小的，同时，产品转移所采用的方式必须能够满足客户有关交付履行和装运信息的可得性等方面的要求。

二是运输扩大了经济的作用范围和在一定的经济范围内促进物价的平均化。现代化大生产的发展，社会分工越来越细，产品种类越来越多，无论是原材料的需求，还是产品的输出量，都大幅上升，区域之间的物资交换更加频繁，运输手段的发达也是这些产业发展的支柱。

三是运费成本在物流成本中所占的比例最大。根据日本经济产业省对六大货物物流成本的研究结果表明，其中，运输成本占40%左右，因此，深入地对运输问题进行研究，促进运输的合理化发展具有重要的意义。

运输的合理化必须考虑包装、装卸等有关环节的配合及其制约因素，还必须依赖有效的信息系统，才能实现其改善的目标。运输合理化要考虑输送系统的基本特征。对城市之间、地区之间由于货物的批量大、对时间要求不很苛刻，因此，合理化的着眼点要考虑降低运输成本，对于地区内和城市内的短距离运输（末端运输），以向顾客配送为主要内容，批量小时应及时、准确地将货物运到，这种情况下合理化目标应该是以提高物流的服务质量为主。

（二）运输合理化和现代化是物流合理化、现代化的主要内容

交通运输合理化是实现物流合理化的重要因素。交通运输合理化的主要内容

包括：建立综合运输体系，处理好铁路、公路、水运、航空、管道五种运输方式的合理分工，协调发展；采用先进运输设备，不断提高运输管理现代化的水平；设计安排好工业企业内运输服务于工业生产的各个环节；选择物流合理运输方案与经验，组织好具体的运输工作。

首先，建立包括五种运输方式的综合运输体系。综合运输体系最能发挥各种运输方式的特点，其是提高经济效益的重要方法，对建立合理的运输结构、缓解运输能力的不足、扩大运输能力有着重要的意义。运输合理化首先在很大程度上就是充分利用综合运输网，发挥各种运输方式的优势，按照各种运输方式的技术经济特点，合理分工连接贯通，合理地选择运输路线，发挥各个运输网点、站、港、机场的作用，提高社会效益和企业效益。

其次，运输工具的选择是实现物流合理化的重要因素。交通运输工具及其基础设施的现代化程度越高，商品在流通中的时间就越短，运输的速度越快。如铁路采用重载运输，水运采用大吨位的船舶，汽车、大型飞机采用集装箱运输等，对挖掘运输设备的潜力、扩大运输能力、加快货物运达，都有着十分重要的作用。

最后，改善运输经营组织，实现交通运输管理现代化是实现物流合理化的重要内容，对提高物资运输的质量和效率、保证货物运输的安全、改善运输部门的劳动条件、降低运输成本、提高运输效率有着十分重要的意义。

物流现代化的目的是用先进的手段，将商品按时间、按质量、按标准、按运输方式送达目的地，使流通时间最短、流通费用最小、流通增值最快，以达到社会效益和企业效益最优化。物流现代化的内在要求就是实现交通运输的现代化。

（三）运输的发展对物流的发展将产生重要的影响

运输作为物流的核心组成部分，它的发展将在很大程度上对物流的发展产生巨大的影响，主要体现在以下四个方面。

首先，交通运输网的发展促使物流网络的建立和完善。物流网络是由若干个节点和联络各点的交通线路组成的一个运输网。在一个地区的物流网络中，各城市的货运站、港口、机场等都是节点，而铁路、公路、航空是联络这些节点的主干线，大小不同的诸多节点与运输能力不同的各条线路，组成了一个覆盖整个地区的物流网络。

其次，交通运输网络的发展促使综合物流中心的建立与发展。交通运输网络的发展，使得集装箱多式联运取得很快的发展，集装箱运输业从一开始就十分重视货物运输过程的整体性，目前国外一些班轮公司大量投资于公路运输、仓储、流通、铁路网甚至航空，集装箱运输业正在走向综合物流时代，有了现代的综合物流中心，货主、托运人或其代理人，便可以借助现代通信手段，对物流全过程进行信息跟踪，使货物不仅能够得到准时准地的"门到门"甚至是"货架到货架"的运输，而且能够使其在综合物流系统的节点上得到按照信息指示进行处理。

再次，交通运输网的发展和新的道路建成，对加速物流的流通过程、节约商品的流通费用起着重要的作用，如沪宁高速公路建成后，由沪、宁、杭三地四家国有运输企业联手组建的"金三角"道路快速货运网络已经形成。快运系统以上海、南京、杭州商店为主体，以沪宁、沪杭两条高速公路为轴心，开展以零担货物快运为基础的整车直达快运，以及集装箱快运和特快专递业务，并向华东及华东边缘地区的中心城市和全国拓展。

最后，在交通运输网中，交通运输枢纽的发展对物流具有重要的影响。交通运输枢纽是交通运输网的重要组成部分，是融运输生产、商贸经营、物资流通、信息服务和运输组织为一体的枢纽设施。交通运输枢纽由"四个系统"组成：一是组织管理系统，包括运输市场管理，主枢纽的内外协调，调度指挥，运输代理、组织联运，以及站内、港内的作业组织等。二是通信信息系统，包括为货源联络、售票、站场联系、车船调度等信息的收集、加工、处理服务的计算机和通信设施。三是生产服务系统，包括仓库堆场、站房、停车场、码头泊位等设施，以及必要的装卸机械设施、运输车辆、船舶等设备。四是辅助服务系统，包括为满足生产、生产辅助服务而必需的各种设施。

交通运输枢纽在客货运方面要充分满足其需要，在客运方面，对运输的舒适、安全、中转换乘的便捷提出更严的要求。在货运方面，要求提供运输代理、多式联运及必要的仓储和信息。现代化的交通运输枢纽设施，也是现代化城市建设不可缺少的组成部分。现代化的运输设施、完善的信息网络和科学的运输组织，对疏通物流的各个环节、实现客货集散运的畅通、发挥中心城市的集散力，进而带动周边地区的经济发展起着重大的作用。

（四）物流配送是物流运输的一种特殊延伸方式

随着商品消费市场的不断发达，仓储周转速度的逐渐加快，过去大批量的货物运输改为多批次、少批量，造成物流成本上升、城市交通堵塞和环境污染等各项问题。为此，需要采用一种新型高效的物流活动方式来取代传统的方式。实践证明，配送是多年来国际物流业创造的最佳服务形式，现在配送业在发达国家已是一个成熟的行业。

配送是道路运输服务的一种特殊形式。它是体现物流基本特点的一项重要功能，也是货物运输作业的一种特殊形式。它的服务水平很大程度上体现了物流服务的水准。

所谓配送就是按照用户的订货要求和配送计划，在物流据点（仓库、商店、货运站、物流中心等）进行分拣、加工和配货等作业后，将配好的货物送交收货人的过程。就货物的位移特点而言，配送多表现为短距离、小批量的货物位移，因而，也可以将配送理解为描述运输中某一指定部分的专用术语。配送作业也不等同于送货，它亦有别于单纯送货的时代特征。

最早的配送概念是在原来营销活动的送货概念上发展起来的，今天，它已经独立于运输而成为物流的一个环节，发挥了其不可替代的作用。通过配送作业可以实现以下目标：

1. 通过集中仓储与配送可以实现企业组织的低库存或零库存的设想，并提高社会物流经济效益。配送服务水准的提高，尤其是采用定时配送或准时配送方式，可以满足企业准时生产制的需要，生产企业依靠配送中心的准时配送，就可以减少库存或只保持少量保险库存。这样，有助于实现"库存向零进军"的目标。

2. 通过配送也可因减少库存而解脱出大量储备资金用来开发新业务、改善财务状况。配送总是和集中库存相联系的，集中库存的总量远远低于各企业分散的总量，则可以从整个社会角度提高市场调节物资的能力，增强了社会物流效益。采用集中库存还可以使仓储与配送环节建立和运用规模经济优势，使单位存货配送成本下降。

3. 配送提高了物流服务水准，简化了手续，方便了用户，并相应提高了货物供应的保证程度。使用配送服务方式，用户简化了订货手续，节约了有关物流程序；同时，由于配送中心物资品种多、储备量大，在一定时间，可以在企业供需时间差上进行，故提高了供货保证程度，也相应减少了各企业单位由于缺货而影响生产正常进行的风险。

4. 完善了干线运输中的社会物流功能体系。配送活动与干线运输有许多不同特点，配送活动可以将灵活性、适应性、服务水准高等优势充分利用，从而使运行成本过高的问题得以解决。采用配送作业方式，可以在一定范围内，将干线、支线运输与仓储等环节统一起来，使干线输送过程及功能体系得以优化和完善。

第四节　航空运输发展与航空运输经济

一、航空运输的诞生

航空运输作为最晚出现并且综合技术难度最大的交通运输方式，可以说将人类迄今在空气动力学、材料学、化学、机械力学、精密仪器制造、电子信息等科学技术领域的高端成果集于一身。航空运输区别于其他运输方式的显著特点是实现了资源的立体开发，实现了人类的飞天梦想。

1903 年 12 月 17 日，莱特兄弟研制的"飞行者一号"进行试飞，共飞行了36 米，留空 12 秒。这架飞机是莱特兄弟设计的第一架依靠自身动力进行载人飞行的飞机。"飞行者一号"的两个推进式螺旋桨分别安装在驾驶员位置的两侧，由单台发动机链式传动。

值得一提的是，在航空技术发展史上，被称为"中国航空之父"的冯如，也在 1909 年驾驶中国人自行设计、研制、生产的第一架飞机，完成了 0.8 千米的首次飞行，书写了中国和世界航空史上浓墨重彩的一笔。

20 世纪 40 年代后，喷气式客机的出现，使现代航空运输业出现了重大转折，飞机速度、高度及载重量明显上升。20 世纪 50 年代，以英国的"彗星号"飞机进入商业飞行为标志，民用航空开始进入喷气时代。1958 年 10 月，波音喷气式客机投入商业运营，除了大大增加了载客量外，波音的运营成本更是大大低于当时的活塞式客机。

此后，美国的波音公司、欧洲的空中客车公司等不断进行飞机技术创新，进入 21 世纪以来，以波音 787 梦幻飞机和空客 A380 为代表的现代化飞机又将民航运输带到了新时代。

100 多年来，飞机使我们生存的巨大星球缩小成为一个小小的世界，使人类实现了在天空飞行的梦想。飞行动力装置的发展也使得活塞螺旋桨飞机发展到喷气式飞机，进而又到大型化、高速化新一代运输飞机。运营的组织也在不断地发展变化，从简单的点对点航线的航空公司，到运营中枢辐射式航线网络的航空公司占主导，再到运营点对点航线的低成本航空公司再度兴起，并且航空公司的跨国联盟也开始形成。

二、航空运输的驱动与发展

从全球视野来看，从飞机诞生开始，航空运输不断增长，经济的增长、工业化的推进都成为推进航空运输持续增长的驱动力。尤其是在 20 世纪末 21 世纪初，产业结构的升级、生产方式的变化、对速度的追求等，更促使了航空运输需求的快速增长。

（一）航空运输发展的重要驱动因素

1. 经济增长

至少有 3/4 的航空运输需求的增长要归功于全球 GDP 的增长。对比之下，20 世纪前半期 GDP 增长了 0.95 倍，而后半期增长了 8 倍；前半期世界人均 GDP 增加了 330 美元，后半期世界人均 GDP 则增加了大约 4200 美元。人类在短短几十年里创造出的财富，超过了以往一切世代的总和。大部分人物质生活和文化生活的富裕程度，都是过去难以想象的。

人们的消费结构从生存型向享受型转化，推动了大量的人流、物流和国际间贸易的发展，从而使经济增长成为民用航空运输的重要驱动，引致了大量的航空运输需求。当然，航空运输同时又进一步促进了经济增长，比如国际贸易中价值

40%的货品是通过航空运输实现的。

2. 工业化阶段

经济学家将经济发展阶段划分为前工业化、工业化实现和后工业化三个阶段，其中，工业化实现阶段又分为初期、中期、后期三个时期，判断依据主要有人均收入水平、三次产业结构、就业结构、城市化水平等标准。

世界发达国家运输方式和工业化发展关系表明，交通运输方式与人类文明、社会进步、经济发展、科技创新有着密切的互动关系。不同的工业化阶段有着与之相对应的主导的运输模式。在工业化中后期，随着产业结构的调整、人们对时效性的追求及人们消费的升级等，航空运输正在成为越来越重要的交通方式。与之相对应，空港经济也得到空前发展。

3. 产业结构和对外贸易

产业结构指在生产过程中形成的各产业间的相互联系和数量比例关系。产业结构的演进受经济发展、需求总量及需求结构、生产要素供给、技术创新及进步、社会制度、国际因素等因素的影响。

不同的总量水平具有不同的结构类型，经济总量影响产业结构的类型，总量增长也依靠具有高于平均增长率的新兴产业支撑。当总量增长达到几个特殊值域时，产业结构的变动往往具有一些显著特征：在人均国民生产总值为 1000 美元以下时期，第一产业的比重开始下降，第二产业的比重迅速上升，第三产业的比重缓慢上升；在人均国民生产总值超过 1000 美元时，第二产业的比重开始下降，第三产业的比重迅速上升。

随着世界经济的发展、高新技术的突飞猛进、国际分工的进一步深化，世界产业结构经历着深刻的调整。当今，在发达国家，以信息技术为核心的新技术得到广泛采用，引领产业结构升级，向技术、知识、服务密集的方向升级，信息产业日渐成为支柱产业，各国集中发展微电子、生物技术、新材料、电信、航空、机器人和机床、电脑及软件等高新技术，在此基础上形成了一大批成为国民经济增长主要动力的高新技术产业，并推动产业结构向高技术化发展。高、精、尖产品的发展推进了航空货物运输的需求。

4. 生产方式

随着科学技术的进步、组织管理理念的更新及社会经济的发展，生产方式也发生了重大变革与进步。在手工作坊式和个体化生产方式的基础上，在发达的资本主义社会中次第出现了福特制（Fordism）、丰田制（Toyota Production System）生产方式。尤其是 20 世纪 90 年代中后期出现的温特制（Wintelism）生产方式，创造了 90 年代以来美国长时间的经济繁荣，对产业的转型、经济增长方式的转变乃至社会文化的发展产生了深远影响。

温特制以高科技和强大的信息网络为基础，以产品标准、全新的商业模式和游戏规则为核心，实施的是跨国性专业化设计、分包、代工、大规模定制、供应链管理等模式。温特主义引领着全球产品链、价值链和标准链从垂直整合转变为水平整合，专业化、模块化成为新经济跨界服务的产业法则。它推进了生产要素在更大范围内的自由活动，促使各国围绕着产品规范在全球有效配置资源，依照规范在全球范围内从事消费和分工。这种生产方式已不限于现代计算机和电子信息产业，还延伸到汽车等其他制造业。

随着全球生产方式进入温特主义时代、外包模块化生产的加大及产品及时供应体系的建立，航空运输以其高效、快速的特点，作用日渐凸显。各国生物制药、电子信息等高科技产业迅速发展，员工的乘机率高于传统产业雇员，而其产品一般都具有体积小、附加值大、运输时效性要求高等特点，对航空运输具有很强的依赖性。传统制造业的高级化过程，也使得其产品对航空运输产生了越来越多的需求。

5. 全球化和速度经济

全球化正以不可逆转的趋势，迅猛席卷全球。全球化是资本、技术和信息超越国界的结合，这种结合创造了一个单一的全球市场，在某种程度上也可以说是一个全球村。这意味着在今天这样一个因信息技术而紧密、方便的互联世界中，传统的商业模式和竞争模式正在改变，大量的原材料、零部件、成品、信息和资金每天都在进行着跨越国界的流动，全球资源配置使得一切都有可能以最有效率和最低成本的方式实现。

全球化时期最明显的衡量标准是速度：商业、旅行、通信和革新的速度。

在以经济全球一体化和速度经济为外在"加速器"的知识经济时代，航空运输的时空收敛性及机场的磁吸效应使得机场周边地区逐渐发展成为优质经济要素聚集的空间。在经济全球化背景下，航空运输不仅是一种交通运输方式，因为其具有改善投资环境、增强信息交流、扩大流通范围和提高流通效率的特殊功能，已成为一国经济融入全球经济的重要通道。它能推动区域经济与世界经济接轨，使其更多地利用全球性资源和机会；它更是让城市参与世界产业体系合作的必备筹码，是世界城市的必需入场券。依赖航空运输，围绕机场所形成的大都市形态即航空大都市，已成为全球城市化发展中的新模式。

（二）航空运输的快速发展

正是全球多因素的促进，航空运输得到了长足的发展。航空运输已经成为全球经济的重要驱动力。

航空运输积极有效地参与社会财富创造，在国民经济发展中对生产、流通、分配和消费各个环节都发挥着越来越重要的影响力。

三、航空运输经济学的发展

航空运输经济学是运输经济学的一个分支，是随着航空运输的快速发展而发展起来的。航空运输经济学的研究不仅与航空运输业自身的发展紧密相关，还与运输经济学和微观经济学理论的发展紧密联系，不仅其分析对象来自产业发展的实践，分析工具更直接来自微观经济理论的最新发展。

（一）国外航空运输经济学发展

航空运输领域早期的经济研究工作主要是描述说明性的。到 20 世纪 30 年代，则与其他运输业一样，主要是制度上的。当时主要关注制度的原因在于航空运输与其他的运输方式一样，如果没有强有力的规制措施和公共干预，就可能导致不合理的价格和服务水平，特别是很多运输方式被认为具有潜在的垄断能力。另外，由于航空运输业面临的问题还包括非经济性的，如社会公共服务和军事需要，因而，主要是市场导向的经济学家把注意力放到制度安排上来，通过制度安排来防止市场失灵，以更有效地满足更多的公众利益。欧洲经济共同体在 20 世纪五六十年代明确把航空运输从公共运输政策（CTP）中分离出来，把主要的精力用于更好地研究和处理地面运输的经济问题。到 20 世纪 60 年代，出现了一批关注航空运输特定市场的长篇研究和政府工作报告，仍然采用当时盛行的制度方法。直到 20 世纪 70 年代后，学术刊物上的多数文章把注意力放到航空运输的不同方面，并开始运用当时新出现的一些经济分析工具和经济分析方法，这才开始了运用经济分析工具和统计分析方法对航空运输经济学的研究。

单一欧洲市场的创立和向更加自由的国际市场的迈进，使得经济学家有了更广阔的天地，可以在运输和贸易领域从事他们感兴趣的研究。各种因素造成的市场变化为经济学家提供了机遇来探索原有理论的新特点和新思想，从而使从事航空运输经济学领域研究的人数增加了，也使人们对这个领域的了解增加了。

航空运输经济学是对经济理论的发展和丰富，也是用经济理论解决航空运输的管理基础的学科。航空运输产业的特殊性、业务的复杂性及突出的国际性，在相当程度上为经济分析提供了一个重要场景。同时，航空运输同样为经济学的发展提供了肥沃的土壤。一些研究带有行业共性，如对成本条件和生产率的讨论；还有一些领域则具有航空运输业的特性，如对如何确定航班时刻和定价的讨论研究，以及对航空公司联盟、机场联盟的研究，在其他行业就没有相同的。有些类似的，如公交运输的班次和定价分析，但是这些研究很少有共同性。另外和其他一些行业不同的是，在航空运输市场中供给和需求都发生了重大的变化，和能源、电信等少数几个行业一样，由于家用轿车的普及和手机网络的普及，需求和供给都发生着重大的变化，这些领域不是独有的，但研究环境更典型，研究结果具有普遍适用性，对这些行业的研究有助于形成具有通用性的市场结构新思想。航空运输是网络型产业，在网络环境中的竞争分析具有广泛的价值，被看作现代寡头理论的重要运用，并可以延伸到诸如电信和能源经济学中。

从西方航空运输的发展来看，无论是凯恩斯学派影响下的航空运输严格管制，还是 20 世纪 70 年代末期西方新古典综合派影响下的美国和欧盟相继放松管制，都展示出经济思想对政策制定者产生了一定的影响，从而表明经济思想在诸如航空运输这些行业不是抽象存在的。这些行业增长很快，技术变革也非常快，会面临很多的现实问题，需要通过正确的经济分析和政策加以解决。

（二）我国的航空运输经济学研究成果

我国的航空运输经济科研成果可以划分为三个层次。

第一个层次：民航企业具体经济问题研究。以航空公司收益管理、航线网络优化、航空需求预测、民用飞机选型、航班延误的成本估算等研究为代表。此类研究侧重于调查研究，以解决现场工作中遇到的具体经济问题为目标，主要应用管理会计、技术经济评价、金融学、数理统计等理论，强调针对性、现实性和可靠性，突出实用性。

第二个层次：行业具体经济政策和经济理论研究。行业经济政策以"民航专项基金征管改革""支线机场补贴政策""民航专项资金投资机场补贴政策""节能减排政策设计"为代表。此类研究多运用比较成熟的经济管理理论和方法，如计量经济学、现代统计学等，结合民航实际情况，帮助政府制定经济管理政策，强调成果的科学性、可操作性，也突出实用性。

行业经济理论研究以"航空运输经济理论体系""民航产业价值链""民航安全经济学""民航市场结构及演化规律"等研究为代表。将以往的具体研究成果进行梳理，以产业经济学、技术经济学为指导，形成理论逻辑性，强调实践的指导性。

第三个层次：行业和地区经济与国民经济的互动关系研究。以"国民经济与航空运输关系的实证研究""航空运输价值研究""民航社会经济贡献评价""机场拉动区域经济的作用机理研究"等为代表，综合运用了产业经济、区域经济、计量经济的理论和方法。

第五章　交通运输发展

交通运输发展是一个多维度、跨学科的领域，它要求我们采取综合发展思路，考虑经济、社会、环境等多方面因素。综合发展思路强调在规划和实施交通运输项目时，要兼顾经济效益、社会效益和环境效益，实现三者的平衡。综合治理发展则是指通过跨部门、跨区域的合作，采取多种措施和手段，解决交通运输系统中存在的问题。这包括改善交通管理、优化交通网络、提高运输效率、减少交通拥堵和事故，以及提升运输服务的质量和安全性。交通运输与可持续发展紧密相关，它要求我们在发展交通运输的同时，注重环境保护和资源节约。这涉及到推广使用清洁能源和环保材料、减少温室气体排放、保护生物多样性、以及提高能源使用效率。可持续发展的目标是确保交通运输系统的长期稳定运行，同时不损害后代满足其需求的能力。

第一节　综合发展思路

一、交通运输一体化的内涵及范畴

交通运输一体化（Integrated Transportation）的概念来源于 20 世纪 70 年代，西方发达国家开始研究和重视综合运输系统，最早的交通运输一体化概念是对综合运输体系的一种提法。它从公路、水路、铁路、航空和管道这几种不同运输方式的协调与统筹的角度出发，研究如何发挥不同运输方式的优势，才能提高整个交通运输行业的效率，研究的重点在于货物运输。因此，在西方发达国家，交通运输一体化与综合运输的理念和内涵基本等同，在欧洲、澳大利亚、加拿大等国家和地区，交通运输一体化规划的内容与我国的综合交通运输规划的内容基本相同。但是在我国，交通运输一体化的内涵和范畴应该是什么，目前，我国在这方面的研究和建设如何，未来的重点应该是什么等问题有待进一步界定和明确。

（一）一体化的内涵

一体化，所谓的"体"是指一个整体，强调若干个事物之间加强联系，形成一个系统整体，以达到提高系统效率、促进共同发展的目的。系统整体性和提高系统整体效率的目的要求决定了其理念包括两个方面：一方面是强调事物（或者说系统各部分）之间的公平和平等。因为既然是作为一个整体，各部分都有自己的功能和作用，任何一部分的缺失或发展不够，都会影响整个系统整体功能，也就是所谓的"短板效应"，所以要求各部分之间有公平、平等地位，共同协调发展。另一方面是强调各事物之间的协调和密切衔接。要想形成一个真正的整体，提高系统效率，实现"1+1>2"的效果，各部分之间不能相互隔离、孤立，必须加强各部分之间的协调和密切衔接，这是必要的条件。

有关专业研究人员有两个广为提倡的一体化，即"城乡一体化"和"区域经济一体化"。在两个一体化界定中也可以体现一体化的具体内涵和理念。

理想的城乡一体化状态是：在经济层面上，生产要素在城乡地域空间上、不同产业间通畅而有序地流动，促使城乡经济持续发展；在社会层面上，公平地调整城乡两大集团的利益分配，缩小城乡差距；在生态层面上，将城乡的生产和生活活动纳入空间上共建、共有、共享、可持续的城乡生态系统；在文化层面上，在承认差异的基础上，用公认、理性、进步的价值观将乡土观念和现代城市文明有机结合起来，促进城市社会全面发展。实现城乡一体化发展的根本是，建立地位平等、开发互惠、互补互促、共同繁荣的城乡社会经济发展的新格局。

区域经济一体化社会经济有机体内各个系统协调配合的过程。它也是指一个以上的国家或地区通过政策和法律法规的协调，破除种种壁垒或障碍，逐步减少以致消除市场的摩擦力和行政管理分割，使地区经济实现有机结合。区域经济一体化建立在区域分工与协作基础之上，通过生产要素的区域流动，推动区域经济整体协调发展的过程。它的目的是优化资源配置，实行区域内各地区合理分工，提高资源使用效率，促进联合体共同繁荣。

在这两个具体的定义中，在强调各部分之间的协调、密切衔接方面，有"使生产要素在城乡地域空间上、不同产业间通畅而有序地流动""将乡土观念和现代城市文明有机结合起来""社会经济有机体内各个系统协调配合的过程""通过政策和法律法规的协调，破除种种壁垒或障碍，逐步减少以致消除市场的摩擦力和行政管理分割，使地区经济实现有机结合的过程"。在强调各部分之间的公平、平等方面，有"公平地调整城乡两大集团的利益分配""建立地位平等的城乡社会经济发展的新格局"，等等。

一体化的口号和概念，是最近一段时间内提出的。根据辩证唯物主义，任何事物都是相互联系的，这种联系是客观存在的，之所以最近提出来加以强调，主要原因是以前在一定程度上忽视这种联系的存在，造成了事物之间的相互隔离，阻碍了事物的发展。

（二）交通运输一体化的范畴

交通运输一体化与城乡一体化、区域经济一体化等既有相同点，也有不同点。原因在于，交通运输这个词与城乡、区域经济的不同，它有双重含义，不仅有交通运输系统的含义，而且有交通运输过程和服务的含义。与之相对应，交通运输一体化有交通运输系统一体化和交通运输服务一体化之分。其中，交通运输系统一体化与城乡一体化、区域一体化等基本相同，是指构成该系统的各部分形成一个整体，相互之间协调发展、密切衔接；而交通运输服务一体化是指交通运输过程各环节之间在时间和空间上的密切衔接，不是客观事物之间的衔接，而是行为过程之间的衔接。

交通运输的最终目的是实现人或物的位移，也就是运输服务。交通运输系统是实现运输服务的前提和基础，因此，交通运输服务的一体化是最终追求的目标，交通运输系统的一体化只是中间目标，也是实现交通运输服务一体化的前提和基础，是其实现的必要条件。但是不是充分条件呢？一体化运输服务的实现，是在运营主体（也就是运输企业）的运输组织下，依托交通基础设施和信息网络等构成的运输网络及运载工具，使得各运输环节在时间和空间上衔接密切，形成一个完整、紧凑的链条。由此可见，运输服务的实现，运输系统只是其中的载体，活动行为的主体是运输的组织者，也就是运输企业，核心是运输企业的运营组织。因此，交通运输服务一体化的实现不仅需要活动载体交通运输系统的一体化，而且需要活动主体及运营组织活动外部环境的一体化，即交通运输市场的一体化。

根据交通运输系统的构成，交通运输系统一体化又可分为交通基础设施网络一体化、交通运输信息网络一体化、交通运输工具的标准化。同样，交通运输市场的一体化又可细分为交通运输市场主体的一体化、运输市场规则的一体化和运输市场监管的一体化。

在一体化理念方面，交通运输一体化与其他系统的一体化基本相同，主要还是衔接和平等两个方面，在具体细节方面略有不同。在交通基础设施网络和信息网络建设方面，一体化就是要强调相互密切衔接，在建设发展过程中要协调发展，兼顾公平；在运载工具和设备方面，一体化的含义主要是标准化；在市场主体方面，一体化的含义是市场主体的地位平等，能够公平竞争；在市场规则和市场监管方面，一体化是指统一标准。

从我国交通运输一体化的含义也可以看出，在我国，交通运输一体化和综合运输的区别与联系。因为综合运输的理念要求对交通运输系统进行统一规划、管理，充分发挥各运输方式比较优势，合理配置资源，提高系统效率。不仅追求各子系统和要素的衔接，为交通运输行为过程的一体化提供基础条件，而且还追求从宏观角度有效利用和合理配置资源，提高系统效率。因此，可以说交通运输一体化是综合运输的重要理念之一，也是重要的组成部分。

（三）交通运输一体化提出的原因及研究实践的重点

交通运输一体化是交通运输发展到一定阶段的必然要求。交通运输一体化是一体化理念在交通运输领域的一个分支和具体实践，其提出的起因与一体化提出的原因是基本一致的。即以前由于事物发展阶段和我国自身体制的原因，在一定程度上忽视了各子系统、要素之间联系的存在，造成了事物之间的相互隔离，阻碍了事物的发展。具体到交通运输领域，是我国原来实行各运输方式单独管理的行业管理体制及省、市等地域性行政管理体制。在我国交通运输业发展初期，这种体制性限制对交通运输整体发展的约束性和阻碍作用很小。随着交通运输业的发展，达到一定规模和水平后，一方面要求提供无缝衔接的高质量运输服务；另一方面要求提高系统的整体效益、降低成本。在这种状况下，体制性的约束和系统分离性缺陷越来越明显，并且如果不突破就不可能满足要求。

从目前交通运输一体化的名称和种类也可以看出，原有的主要问题是原有的各运输方式单独管理和省、市等地域性行政管理体制造成的，如综合交通运输一体化、城市公共交通一体化等主要是针对不同运输方式相互分离提出的，而区域交通运输一体化、城乡交通运输一体化、城乡客运一体化、城乡道路运输一体化等主要是针对地域隔离提出的。这同时也提出了我国实现交通运输一体化的首要任务——打破政府管理在运输方式上和地域上的独立性，为交通运输自身系统的密切衔接和交通运输行为过程的无缝化提供前提与保障。

从目前的研究现状来看，综合交通运输枢纽和信息系统一体化的研究与建设较多，而运输市场体系一体化的研究和建设较少。虽然在现代物流业的推动下，一体化运输服务也有一定的发展，外部市场环境有一定的改善，如一些区域签订道路运输区域合作协议等。但在这方面的仅有研究和建设主要集中在公路运输方面，打破地区保护主义，形成统一公路运输市场。因此，总体上看，这方面还是薄弱环节，存在着许多问题，远不能满足实现一体化运输服务的需要。例如，作为市场主体的运输企业，不同的企业性质导致追求的目标和驱动力不同，相互之间难以合作或形成联盟促进各运输环节无缝衔接；各种运输方式的市场开放程度不同，导致运输企业不能公平竞争；等等。没有市场外部软环境的保障，运输企业就难以充分地竞争和配合，不管交通基础设施和信息系统在一体化方面具有多高的水准，也发挥不了其应有的功能和作用，一体化运输服务就难以实现。因此，对于交通运输市场一体化研究和建设的缺乏已经成为影响一体化运输服务实现的主要障碍，需要对其进行系统的研究，提出相应的政策措施，以促进统一的运输市场的形成，进而实现一体化的运输服务。

二、转变交通运输发展方式的必要性

（一）交通运输自身发展规律要求转变增长方式

增长方式是一个历史的、动态的和相对的概念，其客观性要求交通运输增长方式与一定的交通运输发展水平和发展阶段相统一。一定的交通运输增长方式是由交通运输增长的内容和决定交通运输增长的各要素所决定的，而一定的交通运输增长内容，以及决定交通运输增长的要素分配、组合和使用方式，总是与一定的交通运输发展阶段相适应并受其制约。因此，要分析现阶段及以后的交通运输的增长方式，必须分析交通运输增长内容的现状。交通运输需求具有多样性和多层次的特点，因此，交通运输供给也必须与之相适应，这就要求其增长不但包括交通运输总量的增长，而且包括交通运输结构优化。

交通运输的供给是运输服务的供给，交通基础只是基础和前提条件，只有通过交通运输的运营，才能真正提供出最终产品——交通运输服务。因此，运营效率的高低也是决定交通运输供给的一个重要因素。

（二）经济社会的发展要求转变交通运输增长方式

交通运输是为经济发展服务的，同时也是经济发展的重要组成部分，这两个方面都要求交通运输增长方式的转变。

首先，经济社会发展对交通运输提出的需求需要交通运输转变增长方式与之相适应。

在需求种类和层次方面，当前我国处于工业化后期，经济的发展需要大量的原材料、能源，同时产出大量的初级产品，并且我国原材料、能源及生产地和消费地分布不均匀，这样就必然导致原材料、产成品等大宗物资在原材料、生产地、消费地之间大量运输。同时，原材料、能源的进口和产品的输出也越来越大，同样需要国际运输来完成。这些长距离、大宗物资的运输更多的是需要铁路、水运及管道的运输。但是由于近年来我国铁路发展相对较慢，不能有效满足这种运输需求，而这一时期高速公路发展相对较快，这种情况下，公路运输在一定程度上代替铁路满足了一部分运输需求，但无论是从交通运输资源的利用还是效率方面，都是不经济的。交通运输需求与供给结构之间的不匹配要求转变交通运输增长方式，调整交通运输供给结构，使得交通运输的供给与需求相一致，实现资源、能源的有效利用。

在需求质量方面，随着社会经济的发展和人们生活水平的提高，对交通运输的质量提出了更高的要求，交通运输单纯依靠数量扩张的粗放式发展已经不能满足现有要求。随着工业化的发展，未来的交通运输需求不但总量不断提高，质量要求也会越来越高。工厂的及时生产和新型的流通体制要求不管是原材料还是产品的运输都要在现有的基础上做到及时或准时。同时，人们的出行也要求快速化、准时性和舒适、安全。不管是客运还是货运，这种运输质量上的高要求不是粗放式发展所能解决的，必须转变交通运输增长方式，进行科技创新，改善交通运输工具，提高交通运输组织方式和服务水平。

其次，经济增长方式的转变要求转变交通运输增长方式。当前，我国交通运输的增长还是主要依靠土地、资源等的高投入，还会对环境造成较大的污染。交通运输的全要素生产率较低，是一种粗放型的增长方式。交通运输不但为社会经济服务，同时作为生产型服务业，也是社会经济中的重要组成部分。我国经济增长方式正由粗放型向集约型转变，在这种形势下，交通运输也必须转变增长方式与之相适应，只有这样才能实现整个经济增长方式的转变。

（三）交通运输发展的外部约束条件要求转变增长方式

交通运输的发展需要诸多资源的支持和约束，尤其是土地、能源等，这些稀缺性资源的供给能力，以及生态环境的承受能力，对交通运输发展具有重大的影响。我国资源总量虽然堪称丰富，但人均资源不足，大部分类别的人均占有量低于世界平均水平。

1. 土地资源占用

交通运输基础设施的建设占用大量的土地资源，如铁路、公路、客货运站场、港航码头、机场及运输服务区等交通基础设施的建设，都需要占用土地。由于土地资源的紧缺性和有限性，要想满足不断增长的运输需求，单纯地依靠加大土地等投入的粗放式增长方式是不可行的，必须转变增长方式。同时，即使在进行交通运输基础设施建设的时候，也要选择土地资源占用少、使用效率高的运输方式和工程项目。因为不同的运输方式对土地资源的占用不同，单位长度提供的交通运输服务供给能力也不同。

2. 能源使用

能源是经济发展的重要物质基础。交通运输是目前能源消耗量最大，也是能源消耗增长最快的一个部门。

交通运输的发展需要能源的支撑，有效节约和合理利用不可再生的能源，既关系交通运输的可持续发展，又关系我国能源安全。转变交通运输增长方式、发展低能耗的交通运输方式、提高能源的利用效率等，应成为构建节约型社会、促进我国交通运输可持续发展的重要内容，具有很强的必要性。

3. 生态环境保护

交通运输在建设、生产过程中会对生态环境产生极大的负面影响。交通运输基础设施的建设会给区域的水土、植被、动物生存环境及人们的居住、生活环境与人文景观带来影响，施工、运输过程产生的废渣、废气、噪声等，更是会造成大气污染、水污染、噪声污染，影响人们的生活质量。

从交通运输发展的外部约束条件看，交通运输是国民经济的重要组成部分。交通运输系统的发展需要消耗大量资源和能源，交通运输可持续发展是我国可持续发展战略的重要环节，是构建资源节约型社会的关键领域。但是资源总是有限的，而交通运输需求则是不断增长的，因此当交通运输发展到一定阶段，必然会面临交通运输增长与资源不足的矛盾。在当前和今后的较长时间内，土地、能源、资金等资源将成为交通运输发展的硬约束，单纯依靠大量消耗和占用资源进行交通运输基础设施建设来换取交通运输供给较快增长的路子已经难以维系，这就要求交通运输发展必须考虑资源、环境的承载力，加快转变增长方式，通过提高交通基础设施的利用率增加供给，减少对土地、能源、资金等资源的占用和消耗，降低环境污染和破坏，在环境和资源承载力允许的范围内发展并保证与自然环境的同步发展。

总之，较长一段时间以来，交通运输都是我国经济社会发展的"瓶颈"，国家宏观调控加大了对交通基础设施的建设，当前我国的交通运输已经基本缓解了对经济发展的制约。同时，我国正处于新的经济发展阶段，交通运输也处于新的发展阶段，交通运输的外部约束条件越来越强。在这种前提和基础下，我国的交通运输应该转变交通运输的增长方式，在继续扩大交通基础设施规模的同时，更加注意协调交通运输结构，提高交通运输的运营水平和效率，以提高基础设施的利用效率等，以最少的社会成本提供出最多、最有效的交通运输服务，以适应和满足社会经济的发展。

三、交通运输资源优化配置

出于体制和机制的原因，目前，我国交通运输资源配置还不合理，资源利用效率不高，公平性体现不够，整体效益不理想。针对我国目前交通运输资源配置中在机制和内容方面存在的问题，需要进一步认识和充分发挥政府与市场在交通运输不同领域中的作用，对其薄弱环节进行重点建设，提高资源的利用效率和公平性。

（一）交通运输资源的范畴

根据经济学中资源的定义进行类推，交通运输资源是指实现运输服务所投入的所有人力资源、物力资源和财力资源的总和。

运输服务是以交通基础设施为支撑，通过运营活动来实现的，因此其资源的投入可以分为两部分：交通基础设施建设、维护投入的资源和运输服务运营活动过程中投入的资源。

交通基础设施（公路、铁路、城市道路、机场、港口码头、航道及各枢纽场站等辅助设施）是其建设、维护过程中投入的各种资源（人力、资金、土地、空域、岸线等资源）所形成的物质形态，因此，交通基础设施的规模数量可以代表该领域投入资源的数量，其布局代表着该部分资源的分布。

运输服务运营活动投入的资源主要指购买交通运输工具（汽车、火车、飞机、轮船等）、设备和运营活动中所投入的资金、人力，以及运输过程中消耗的能源等。

（二）交通运输资源的投入主体

交通运输资源的投入有政府和社会企业两大主体，交通运输构成要素的不同经济属性决定了其资源投入的主体不同。

交通基础设施从其经济属性上来说，是公共品或准公共品，其资源投入应该由政府来主导。交通基础设施大体上又分为两类：一类是具有可经营性并有盈利的交通基础设施，一般是重要干线运输通道，如高速公路、铁路客运专线、铁路煤运专线、枢纽机场、枢纽港口等。由于这些交通基础设施的可经营性和盈利性，可以通过一定的机制和手段，全部吸引社会企业投资进行建设、运营。另一类是处于运输线路的末端或偏远地区的交通基础设施，不具有经营性或盈利性，主要由政府来进行投资建设，或通过一定机制吸引社会企业进行部分投资。另外，不管哪类交通基础设施，投入的资源中，土地资源均由政府进行统一投入。

运输服务从经济属性来说是私人产品，其资源主要由社会企业来投入。但有一些运输服务由于客源少或定价问题，本身不具有盈利性，社会企业由于其追求利润的本性，不会投入资源进行相关服务的运营，需要政府通过各种形式进行一定的投入，引导企业投入资源进行该运输服务的运营。

（三）交通运输资源配置的含义

交通运输资源配置有两层含义。

一是指交通运输系统如何从整个社会系统中获得人力、物力、财力等社会资源的投入，进而形成运输服务，最大限度地满足人们生活和社会生产发展需要。

二是指如何有效地将全社会对交通运输系统投入的人力、物力、财力等资源在不同运输方式、空间上的分配发挥最大的效益。

一般来说，第二层含义更容易被人理解和重视，也是本研究所重点考虑的范畴。

（四）交通运输资源优化配置的目的和目标

交通运输资源优化配置的目的是追求公平与效率。从交通运输资源配置的第一层含义理解，其目标是从整个社会系统中获取必要的资源进行交通运输系统建设，该资源在有效利用的前提下，能够最大限度地满足社会生产和人民生活对交通运输的需求。从交通运输资源配置的第二层含义理解，其目标是在交通运输系统内部，实现资源分配的公平和资源利用效率的统一，发挥该部分资源的最大效益。其中，公平是让不同地区或不同层次的人们享有同样或基本类似的基本出行服务，效率是使交通运输资源得到充分、高效的利用。

在交通运输系统内部，对不同要素所投入的资源追求的目标不同可分为两类：投入在干线运输通道上的交通基础设施（如高速公路、客运专线、枢纽机场、枢纽港口等）和大部分运输服务（如公路干线运输等）的资源，追求的目标是利用的高效率；投入在支线或偏远地区的交通基础设施（如农村公路、支线机场等）和部分旅客运输服务（如农村客运、支线航空等）资源，与在干线运输通道上的资源相比，其效率低很多，但仍要投入相应的资源，主要是为了体现公平。对于这些资源本身，也要尽可能地提高其利用效率。

在资源有限的条件下，效率和公平容易产生矛盾，交通资源优化配置的目标选择公平还是选择效率成为两难的选择。交通运输资源配置到干线运输通道上其利用效率肯定比配置到支线和偏远地区高，但这样有失公平；如果把资源配置到支线和偏远地区，在一定程度上体现了公平，但其利用效率又很低。因此，在交通运输系统内部，资源优化配置需要实现效率和公平的统一，实现资源的最大效益。

（五）交通运输资源优化配置的机制和手段

交通运输资源优化配置有政府调控和市场竞争两种机制。市场机制的核心是通过竞争提高效率，对于追求效率为目标的交通运输资源，市场是优化配置的最好机制。但由于市场的自身特性，对于公共品、准公共品及宏观层面会出现"市场失灵"的现象，需要政府对资源进行宏观调控配置。同时，在解决公平问题时，市场机制也不能发挥作用，需要政府进行配置。

交通基础设施属于公共品或准公共品，同时由于其自然垄断性，决定了该资源的投入供给主体是政府，更决定了在宏观层面上的优化配置也必须依靠政府。规划是政府在该方面资源优化配置的最重要调控手段和方法，只有在规划范围内的交通基础设施才允许建设。在建设和运营层面，应充分发挥市场机制，增加外部资源投入，提高资源利用效率。

对于可经营的交通基础设施，在建设和运营时，充分利用其可经营性和盈利性，采取市场化融资，吸引社会资本尤其是民营资本进入，增加外部资源的投入。同时，市场机制也正好能够完成这些资源追求高效率的目标，因为社会投资尤其是民营投资比政府投资更能保证资本即资源的使用效率。这也要求应增加民营资本比重，减少政府投资，包括中央政府、地方政府及国有企业的投资。

在体现公平的交通基础设施方面，如农村公路、支线机场等，虽以政府为主导进行投资，但在建设、运营模式上可进行市场化运作，如这些设施的建设采用BT 等形式；鼓励形成交通基础设施养护、运营公司，通过招投标市场竞争的方式进行运营管理的委托。

交通运输服务属于私人产品，其资源投入主要依靠社会企业，资源的优化配置主要依靠市场，但政府需要进行一定的引导。

运输企业的运营服务活动决定着基础设施的利用效率，只有运输服务活动合理，交通基础设施的资源配置才会合理。政府通过运输价格、税收、基础设施收费定价等手段，尽量做到外部成本内部化，以达到从社会成本看同样也是合理运输的目的。

在城市公共交通和农村客运这些公益性的运输服务运营方面，需要有政府各种形式的投入才会有企业去运营。具体形式包括政府购买运营企业的服务提供给出行者；通过税收减免和直接补贴的形式给予运营企业一定补贴，出行者自己购买相对廉价的服务；直接补贴出行者，让其购买相应服务；等等。

四、降低投资规模，创新投资模式，推动交通基础设施高质量发展

（一）资金来源减少，好钢用到刀刃上，经济和交通产业健康发展均要求精准投资、循序渐进降低相对粗放的交通基础设施投资规模

交通基础设施虽为必需的基础设施，但已不是最紧要的财政支出领域，应适度降低投资规模。

稳定经济增长仍需要有一定规模的交通投资。投资、消费和外贸是经济增长的三驾马车，长期来看，我国需要逐步弱化投资和外贸，强化消费对经济的推动。我国稳定经济增长、保障就业的压力很大，在外贸前景不乐观、消费短期内难以显著提升的条件下，仍需要发挥投资的重要作用。其中，房地产投资不能再刺激加强，工业产业投资以企业市场主体为主，政府调控影响较小，因此，政府主导的交通基础设施投资仍需要保持一定的规模，且作为"稳投资"的重要内容。

要循序渐进地降低相对粗放的交通基础设施投资规模。从我国交通运输发展阶段和财政支出能力、支出结构的合理性看，需要适度降低交通基础设施投资规模，但从稳定经济增长和行业的健康发展角度，又需要保持一定的投资规模，不能过快缩减，应循序渐进。

（二）交通基础设施建设应更加突出补齐短板、优化结构和支撑引领新的发展格局

在投资规模逐步减少、投资约束越来越强的环境下，在交通基础设施不是全面短缺、不再是经济社会发展制约"瓶颈"的条件下，与以往相比，投资建设更加强调领域和项目的精准选择，以补齐网络和行业短板为重点，注重优化结构，支撑引领新的发展格局。

建设重点从全国范围内的大交通逐步到城市及都市圈交通。长期以来，我国交通基础设施建设以中央政府主导为主。根据财权事权划分，中央政府投资以支持并引导铁路、公路、机场、港口等大交通为主，相应的交通基础设施发展较快，更好地支撑和适应了经济发展。随着城镇化的快速发展，越来越多的人进入城市，汽车的普及度也日渐提高，交通拥堵、停车难等城市交通问题越来越突出。从综合交通运输体系整体看，城市交通成为最大的"短板"。虽然各城市尤其大城市、特大城市近年来也开始发力建设轨道交通、采取各种政策措施进行综合治理，但城市交通问题仍未有明显改善。未来，以人为核心的新型城镇化和机动化进一步推进发展，为避免城市交通的问题矛盾持续加剧、恶化，交通基础设施建设的重点应从大交通逐步向城市交通倾斜和转移。

城市轨道交通是最需要高度重视的投资建设领域。城市交通治理总体上更多是通过经济、法律等手段进行出行方式引导，但轨道交通建设仍是大城市从供给侧改善公共交通的主要途径，是必要、迫切的。与欧美国家不同，我国城市轨道交通建设滞后于城镇化、机动化发展，是在城市产生较严重交通拥堵后不得不进行的"补课"。不管是从需求的必要性还是当前发展的惯性看，城市轨道仍处于大规模建设时期。在大力推动都市圈发展的当下，城市轨道建设要考虑市郊铁路，但当前相对成熟的都市圈并不多，且这些都市圈多已由市域快线等轨道（虽然技术标准不合理）承担了相应的功能，真正需要新建市郊铁路的数量和比重不大。

第五章 交通运输发展

（三）交通基础设施投融资需要在完善既有模式基础上寻求变革创新，应对投资方向改变和满足新领域发展的需要

随着政府财政支出能力的不断下降，以政府财政资金投入作为项目资本金进行银行贷款，这种传统的交通基础设施投资模式越来越不可持续，必须变革创新。

近期充分利用好国家债券、地方政府专项债等各种债券资金。针对当前地方政府财政支出能力极为有限，而又需要保持一定的投资力度的状况。近期，国家发行了一系列债券，包括增加了地方政府专项债券、企业项目收益债等，允许其作为项目资本金，并降低了资本金的比例。这在一定程度上解决了当前基础设施建设的燃眉之急，各地政府应按照相关规定用好这笔资金，同时要探索更长远、可持续的投融资模式。

要统筹中央预算资金支出，加大对城市交通的支持。当前，中央预算资金支出结构在交通运输领域分为铁路、公路、水运、航空，以及燃油税、车购税支出，因考虑城市交通更多为地方城市事权，没有相应支出科目。但城市交通是关乎60%以上老百姓每天出行的民生，还是"蓝天保卫战"的重要组成，也具有较强的全局性意义与价值，不仅是地方事务。同时，从燃油税、车购税的来源看，绝大部分来自城市小汽车的购买和使用，因此其使用范畴也应该部分用于城市交通，而不是当前这样仅用于公路建设维护。另外，欧美发达国家中央政府对城市轨道、地面公交等的建设和运营都有较大比例的支持。因此，不管是客观科学合理角度，还是学习借鉴国外经验，都应该对中央预算资金支出进行调整，将城市交通列为其中一项，加大支持。

第二节　综合治理发展

一、城市交通高质量发展路径，从治理拥堵转变到改善出行

推动高质量发展是当前和今后一个时期确定发展思路、制定政策的基点，需

要加快形成相应的指标体系、政策体系、绩效评价、政绩考核等，创建和完善制度环境。城市交通是在有限的资源条件下，以最小的环境代价，最高效地实现人和物的位移，其高质量发展需要战略目标的转变、评价考核指标的改变，进而引导城市政府制定实施更加合理的政策措施。

（一）战略目标应从治理拥堵到改善出行

随着小汽车快速进入家庭，城市交通拥堵越来越严重，各大城市都不断加大治理力度，治堵缓堵逐步成为城市交通的战略目标，也理所当然地被认为准确或正确。但城市交通的根本目的是什么？是人的位移实现（暂且不谈城市货运）。交通方式有多种，轨道交通、地面公交、自行车、步行等，小汽车是其中一种。更重要的是，我国大多数城市在现有道路资源条件下，不可能允许多数人采用小汽车出行，应采用更集约化的出行方式，才能让整个城市居民出行效率最大化，才能保障有更多的蓝天。而"治堵"，面向的对象是车，是让车尤其小汽车行驶得更通畅，是典型的"以车为本"的体现，错把手段方式当目的。因此，应回归到交通是实现人的位移这一本源，"以人为本"，把"改善出行、让人们出行更美好"作为城市交通发展的战略目标。

（二）评价指标和绩效考核将从拥堵指数转变为公交便利性、地铁舒适度等方面

在治理拥堵为目标的环境下，拥堵指数必然成为主要评价指标。一些互联网公司基于自身大数据对全国大城市交通拥堵进行测算与排名，虽然科学性仍存疑，也缺乏权威性，但许多城市领导予以关注并影响着行为决策。若改善出行作为战略目标，道路畅通度、小汽车速度将不再是主要评价指标，更重要的是地面公交速度、地铁拥挤度、步行和自行车骑行环境等。公交、非机动化出行的人群更大，其出行速度、舒适性等更能代表城市的整体状况。

（三）政策实施重点将从限行、限购等治标措施转向自觉真正实施公交优先等治本之策

当前，各城市的交通治堵策略基本上也是多措并举、综合施策，包括改善公

交、步行、自行车环境等措施，但在不同战略目标、考核指标的条件下，工作重点与力度还是有所区别。在治堵、关注道路是否畅通的条件下，就会更多地强调和采用对小汽车限购、限行等短期有效、治标的措施，而对如何提升公交、步行、自行车等绿色出行的便利性、舒适性等治本的措施重视不足，实施力度不大，在设置公交专用道这种涉及小汽车与公交车路权划分、资源配置时，更显得决心和魄力不够。如果战略目标、考核指标互换，政策措施的重点和力度一定会随之发生变化，就会自觉地真正做到公交优先，切实改善步行、自行车出行环境，进而推动城市交通高质量发展，更好更快地实现让人们出行更美好。

二、城市交通治理：“推”“拉”结合，以“拉”为主

近年来，随着小汽车快速进入家庭，城市交通拥堵越来越严重。各城市尤其是大城市都在不断加大治理力度，治堵缓堵、打赢治堵攻坚战等成了耳熟能详的提法和口号。

城市交通治理、改善公众出行的总体策略应该是“推”“拉”结合，以“拉”为主。“拉”是指发展公共交通等绿色出行方式，吸引公众主动选择；“推”是指提高小汽车的使用成本（包括时间成本、经济成本等），甚至采取限行限购等手段，迫使其改变出行方式。

值得注意的是，城市的交通治理，“拉”应是“推”的基础，须警惕对限行限购等“推”的政策过度依赖，对鼓励绿色出行等根本性、长效性的“拉”的举措不够重视的现象。

（一）“改善公众出行”应覆盖所有居民

“以人为本”的交通治理，应将“改善公众出行、让出行更美好”作为首要目标，并围绕此构建合理的评价指标和体系。

我国人口众多，城市开发强度大，整体上是按1万人每平方千米的密度进行规划建设的。在这种开发模式下，仅从交通本身来看，绝大多数城市都不可能以其有限的道路资源来支撑大部分居民将小汽车作为主要出行方式和工具。

因此，城市交通治理不仅要考虑小汽车的出行速度，更要考虑坐公交出行人群的出行速度，后者是更大的群体。同时，不仅要考虑公交出行的速度，还要考

虑公交出行的舒适度，更要改善步行、自行车骑行等非机动化出行的环境条件。

（二）调整战略目标和考核指标

当前，各城市在治堵上采取了多措并举、综合施策的方式，但工作重点与力度有所不同。

在应对交通拥堵问题时，实施限行限购等"推"的举措是必要的，但应该明确这是短期举措，是在为发展绿色交通争取更多的时间，而不是长期的、根本性的举措。

过于关注道路是否畅通，就会更多地采取对小汽车进行限购、限行等治标的措施，而对如何提升公交、步行、骑行等绿色出行的便利性、舒适性等治本的措施重视不足，在建设公交专用道这种涉及小汽车与公交车路权划分的设施时，决心和魄力也不够。

交通治理应构建更合理的评价指标和体系——评价指标应从拥堵指数变为平均出行时间及公交便利性、地铁舒适度等。

如果对战略目标、考核指标进行调整，政策措施的重点和力度一定会随之发生变化，这样就会实现公交优先，切实改善步行、骑行环境，进而推动城市交通高质量发展。

（三）"拉"才是治本之策

以"拉"为主，即首先要发展绿色出行。在资源有限的条件下，将交通资源优先配置到绿色出行领域，小汽车出行的环境和成本也会相应改变。例如如果把更多的路权给了公交专用道、自行车道和人行道，小汽车的出行空间就会被压缩，这样自然就达到了"推"的效果。

"拉"是"推"的前提。也就是说，在公共交通服务水平较高、步行和骑行环境较好的前提下，对小汽车进行约束或限制，才是相对合理的。

如果地铁承载能力不足，常规公交速度很慢，步行道和骑行道断断续续甚至根本无路可走，那么在这种条件下限制或不允许小汽车出行，而一味地要求公众绿色出行，就显得有些无理。

一些城市对"推"过度依赖是值得警惕的。应该加大力度改善地铁出行体验（如降低拥挤程度、缩短换乘距离），提高地面公交的速度和准时性，改善步行、骑行环境，吸引公众主动选择绿色出行。更应在城市规划上下功夫，追求职住平衡，避免长距离的潮汐式通勤。

倡导"以人为本"、打造宜居绿色城市，改善公众出行、让出行更美好，才是交通治理最重要的战略任务和目标。如果跳出交通，以更高的视角来看，考虑到交通对环境的影响、对城市空间和活力的影响，交通治理的战略目标就不仅是"让出行更美好"，更应该是"让生活更美好、让城市更美好"。

三、加快推进城市绿色交通发展

我国国情和实践证明，加快城市绿色交通发展是必然选择，当前也具备了良好的认知基础。需要坚持人民立场，深入调查研究，秉承全局、系统思维，因地制宜，科学制定发展战略政策；需要准确把握政府职责，充分利用市场机制，全面深化改革，处理好改革、发展和稳定的关系；需要进行体制制度创新，建立激励机制和约束机制，切实推进落实，让人民群众有切实的获得感。

随着城镇化的快速发展和小汽车迅速进入家庭，交通拥堵迅速从大城市蔓延到中小城市，城市交通出行形势十分严峻。开车族抱怨交通拥堵、停车难，打车族抱怨"打车难"，地铁族抱怨极度拥挤、换乘不便，乘坐地面公交的人群抱怨不准时、速度慢、车况差，步行与自行车出行者抱怨步行道、人行道条件恶化、缺少自行车停放点，老百姓抱怨乱停车挤占绿地、影响宜居环境。与此同时，出租车与网约车改革、限购、限行、收取拥堵费等政策饱受争议。

城市交通治理的出路在哪儿？如何改善百姓出行，让所有的抱怨变成大部分人都满意？必须制定科学合理的发展战略与政策，建立有效的推进机制，加快公共交通、自行车、步行等绿色交通发展。

（一）加快推进绿色交通发展是现实的必然选择

我国国情和历史实践证明，我国城市必须大力发展绿色交通；同时，当前社会各界也基本达成共识，具备了加快推进实施的条件。

1. 我国基本国情决定必须大力发展集约化绿色交通

首先，城市高强度开发模式要求必须以集约化交通出行为主导。由于我国土地资源紧缺，城市普遍采取高强度开发模式，按照国家标准，城市开发强度基本在1万人/平方千米左右，高强度开发带来高密度的客流出行。与此同时，还带来道路资源的相对紧缺，欧美国家城市交通用地一般占城市面积30%以上，而我国城市一般在10%～15%。较少的道路承担高密度的出行，必须采用集约化的交通方式。其次，日益严峻的环境污染、能源安全形势要求必须采取更多绿色出行方式。全国各地雾霾日益严重，其中汽车尾气是污染源的重要组成，占1/3左右是基本共识。最后，我国汽车消耗的汽油、柴油分别占消耗总量的90%以上和70%左右，而我国石油的对外依存度不断上升，目前已经超过60%，能源安全形势十分严峻。由此可见，发展绿色交通对改善空气质量、提高我国能源安全乃至经济安全均有重要意义。

2. 实践证明，大力发展绿色交通是城市交通治理的唯一选择，也是供给侧结构性改革的必然要求

自20世纪90年代北京等大城市开始出现交通拥堵，我国就在不断探索交通治理之路。首先采用的是扩建道路的方式，后来发现道路的建设速度远远跟不上车辆的增速，而且道路不可能无限制地建设，由此就进入了科技智能提效阶段，即通过智能化的手段，使得交通流更加顺畅，但很快也发现，这只能在一定程度上提高道路交通容量。现在的共识是交通需求管理，包括让人们尽可能地少出行、缩短出行距离、在时间和空间上的均衡等，其中的核心和关键是结构调整，即让更多小汽车出行改成集约化的公共交通出行，只有这样，才能让整个城市交通更加顺畅、所有居民出行效率最高。

3. 发展绿色交通已达成广泛共识，把握关键期，加快推进

历史唯物主义告诉我们，社会发展也是有客观规律的，认识、意识观念的转变是行动改变的前提。正如环境方面先污染后治理一样，城市交通也必须先拥堵后治理，只有绝大部分人都对治理的必要性及治理的方式达成基本共识后，政策措施才能制定并真正得到实施。随着交通拥堵日益严重，人们有了切身的感受后，发展绿色交通在专家、领导和公众等社会各界真正达成广泛一致意见，已经基本具备了推进实施的条件，应抓紧推进实施，以免问题越来越大。

（二）制定科学合理的发展战略与政策

要改善人们交通出行，首先要制定科学合理的发展战略、政策。在制定过程

中，需要实事求是，以深入调查研究为前提，需要有全局思维、系统思维，需要坚持因地制宜、坚持人民立场，需要深化改革，把握好政府与市场的定位，处理好改革、发展与稳定的关系。

1. 坚持人民群众立场，以实现所有居民出行便利最大化为目标

随着小汽车快速进入家庭，开车人群逐步扩大，与公交、自行车和步行出行人群相比，这部分人群的舆论话语权更强，同时，由于政府领导、政策制定者绝大部分都是开车出行，导致在路权和投资分配、交通政策制定等方面，极易导致倾向于开车一族，而非数量规模更多、更应该鼓励的绿色交通出行的公众。在前一段时间出租车改革、规范网约车发展过程中，也出现了以部分群体利益代替整体利益、以偏概全的情况。有人说，加强规范会再次导致"打车难"、百姓出行不方便，其实，他们说的百姓并不是大多数百姓，而是打车一族。如果让打车一族或者让更多的人打车成为日常出行的方式，交通拥堵将更加严重、城市居民的整体出行效率将大幅降低。

2. 深入调查研究，开门制定政策，广泛征求群众意见

没有调查就没有发言权，也没有决策权，要想制定出科学合理的发展战略和政策，必须深入调查研究。党的十八届四中全会提出，在全面推进依法治国过程中，要健全依法决策机制，其中，把公众参与确定为重大行政决策法定程序的首要环节。交通出行与人民群众生活密切相关，每天参与其中，有深切感受，对政策好坏有很强的发言权，在制定过程中更应该强调公众参与。发达国家在交通规划、政策制定过程中，公众参与较为充分，目前，我国这方面做得还不够，更多的是征求专家意见、部门意见，而忽视征求群众意见。因此，应特别注意开门制定政策，只有这样才能更好地实现决策科学化、民主化。

3. 秉承全局思维、系统思维，统筹协调经济社会各相关领域

交通是城市复杂大系统的一个子系统，与其他很多因素密切相关，交通战略政策的制定应统筹协调城市人口和产业布局、功能疏解、汽车产业发展、人们健康、生态文明等各方面，应尽可能推动区域居住与产业相匹配，避免出现"睡城"，实现职住平衡，缩短出行距离；特大城市疏解要真正是功能疏解而非简单居住人口外迁，限购限行政策要考虑汽车产业发展甚至社会发展的本质，鼓励人们自行车、步行出行更多从身体锻炼健康等切实利益出发，城市道路、停车场等

建设要考虑对城市活力、宜居状况、生态环境的影响，交通投资要站在全社会的角度，与教育、医疗等方面对比紧迫性与必要性等。

4. 坚持因地制宜原则，制定差异化的战略、政策

我国幅员辽阔，城市各方面差异较大，不仅国家层面制定全国政策要考虑差异性，各城市制定自身政策更应结合规模大小、地形地貌、气候、结构形态等方面的具体情况。大城市出行距离长，更多地考虑公共交通、机动化，中小城市出行距离短，更多鼓励步行、自行车交通；山区城市更多突出机动化，平原地区更多考虑非机动化；北方城市公交车辆、站点等多注意冬季保暖，南方城市多考虑夏天空调、防雨；城市道路、轨道交通网络与城市结构形态相一致，狭长河谷形城市不能简单套用平原饼状城市的模式；等等。

5. 准确把握政府职责，充分利用市场机制，选择合适实现途径

政府的职责是提供基本公共服务，在城市交通领域，就是提供良好的公共交通服务；在具体实现过程中，可通过区域竞争比较、政府购买服务等方式，以最小的经济成本为百姓提供最好的服务。在步行、自行车方面，由于是纯绿色出行，政府应该为其创造友好的出行环境和充足、安全的停放条件等，而公共自行车更多作为一种商业行为，由企业运作，可对服务进行一定程度的补贴，但不应该涉入运营等层面。就我国的国情而言，政府没有条件也不可能让大部分人随心所欲驾驶小汽车出行，每个人应该为小汽车的拥有和使用负责，承担所有应该承担的成本。停车是一个重要环节，它不是公共品或准公共品，没有公益性，应该产业化，由市场来供给；但加强违法停车执法，维护良好的停车秩序是政府义不容辞的职责。总体来看，政府在交通方面的首要目标应该是改善公众出行，而不是当前大部分城市所提出的治理交通拥堵，后者是典型以车为本的体现。

6. 全面深化改革，合理处理改革、发展与稳定的关系

城市交通与其他领域一样，同样有很多地方需要深化改革，如交通管理体制改革、公交公司的国有企业改革、出租车管理改革、推进停车产业化等。由于城市交通事关每个百姓出行，深化改革又需要触动和调整各方利益，既要有坚定的决心和魄力推动改革，又要统筹考虑各方因素，处理好与社会稳定、行业健康发展的关系，积极、稳妥地选择渐进式改革路径，避免"休克式"疗法引起行业和社会动荡。改革方案要基于这种路径进行设计，推行过程中不能迈出第一步后

因懒政等原因而停滞，要小步快走，不达目的不罢休。出租车改革在这方面总体上把握和处理得较好，提供了一个成功的范式。

（三）建立有效的推进机制，切实推进实施

1. 处理好中央与地方的关系，建立必要的激励机制和约束机制

总体来说，城市交通属于地方事权，应由城市人民政府负责，但由于是民生的重要组成部分，还涉及环境污染和能源安全等重大问题，中央政府不能不管，而且不能仅仅发挥行业指导作用。中央政府只是发布指导意见、行业规范远远不够，更应该建立必要的激励机制和约束机制，只有这样，才能真正有效调动起城市政府发展绿色交通的积极性。在激励机制方面，可以学习借鉴一些发达国家经验，国家层面从车购税或燃油税中拿出一部分，设立绿色交通发展基金（或专项资金），按照兼顾公平和效率的原则构建科学合理的发放机制，对各城市政府加以支持鼓励。对于约束机制，鉴于交通出行是民生的重要组成部分，在逐步弱化唯GDP论的大背景下，将绿色交通发展水平纳入城市人民政府领导的政绩考核体系。推动绿色交通发展，并不一定完全依靠资金，施划公交专用道、保障足够宽度自行车道等最有效的手段举措，是对道路资源的重新划分。

2. 推进交通管理体制机制改革，加强部门协调，形成合力

在国家层面推进大部制背景下，很多城市在推动建立综合性的交通管理部门，即交通委员会。但目前，除了深圳市外，其他城市大多是徒有其名，在交通治理方面的真正职能和有效抓手很少。具体来说，大部分城市交通规划的职能在规划局（委），道路建设的职能在住建局（委）或市政市容委，路权的划分、停车位的施划等职能在公安交管局，公共交通、出租车、停车等价格的制定在发展改革委（局），公交补贴的主导权在财政局，国有公交公司的主管单位是国资委，等等。虽然各部门也都在行使职能进行管理，但由于这些职能往往不是这些部门的主要职能，再加上部门协调机制不完善，通常难以形成有效治理交通的合力，非常有必要进行职能的调整，形成名副其实的交通委员会。

在没有进行体制改革、职能整合前，可由交通委主导制订、以市政府的名义发布城市交通治理方案，按照各部门实际职能确定任务分工，定期进行考核，即建立"职（能）责（任）对等"的工作机制。

3. 让人民群众监督评判考核，让公众有切实的获得感

发展为了人民，发展成果让人民共享。为了让公众有切实的获得感，首先，规划、政策的目标应该更多从群众的感受角度而非从政府管理角度设置，让到达公交站点时间、等车时间、公交的行驶速度等指标替代公交站点覆盖率、公交出行比重等。其次，发展的成效和水平也更多让群众监督和评判。例如有的城市设立乘客委员会，让公众来评判公交的服务水平，随时提出存在的问题和建议，同时将其评判结果与对公交公司的补贴挂钩，以督促公交公司不断地提高服务质量。

四、深化改革，开放市场，转变职能，提升城市运输服务水平

我国经济发展正由解决温饱向小康迈进，交通运输也由"走得了"向"走得好"转变，提升服务水平已成为交通运输行业发展的首要任务和战略重点，并要以解决人民群众最关心、最紧迫的运输服务问题为导向，以更好满足需求、提高满意度为核心，以全面深化改革为根本动力作为提升城市交通运输服务水平的指导思想。

（一）进一步开放市场，更好发挥市场机制

在现有城市交通运输领域，因考虑其公益性而管制过多，人为造成垄断性，阻碍了市场的竞争。因此，在城市各种资源极其有限的条件下，如何配置既有交通运输资源、更多利用市场竞争机制激发运营主体提供更优质服务是目前及今后提升运输服务水平的重要途径。

许多城市的交通领域存在大量非法运营行为，如"黑出租""摩的"等现象屡打不衰，主要是因为百姓客观上有服务需求但合规市场不能很好地满足。而市场化程度高的行业，如汽车租赁业、货运业等，企业会有更强的意愿和动力服务用户，运输服务质量和水平都高。因此，未来应以更好地满足百姓需求为根本出发点，积极推进市场改革，以开放市场、降低市场准入为主，以执法打击为辅助，疏导非法营运市场，形成更大规模的合规市场。

公共交通是城市交通领域最大的政府购买服务，应加强城市公交成本规制，

形成明确、规范、透明、有效的公交补贴制度，加强对服务质量的要求与考核，建立与其更为紧密的激励机制和约束机制。具体可将补贴分为基本补贴和激励补贴，后者取决于行业主管部门的业务考核和乘客的综合评价结果。

在政府购买服务、补贴等方面，确保"不同所有制主体的财产权利得到平等保护，不同所有制企业能够平等地使用生产要素"，保障对民营、国有制市场主体公平对待。同时，进一步完善相应的机制与制度，将政府购买服务与企业资质、信誉等挂钩，促进企业提高服务质量，引导行业健康发展。

（二）转变政府职能

在放宽市场准入、减少行政审批后，政府管理职能从以"事前审批"为主改变为以"事中事后监管"为主，重点加强对运输市场的引导与监管，放管结合，推动形成"宽进严管"的局面。

1. 加强对行业发展的引导

引导运输市场有序竞争、健康发展是政府行业管理的重要职责，其中，发布行业信息、加强质量信誉考核是重要手段和方式。

①通过发布行业信息，供企业决策参考进而引导行业发展。完善对各行业运营主体、运力等监测与统计，加强行业经济运行分析，及时发布相关信息，为运营企业决策提供参考。如企业会根据整个行业的运力发展情况，调整自身运力配置及业务类型。另外，政府发布的一些价格、成本、行业总体盈利等经济运行情况，会对整个行业的发展产生较好的引导作用。如进一步完善道路货运成本监测和价格指数，研究建立价格监测分析制度，适时公布城市配送平均运价，引导市场合理价格的形成。

②加强质量信誉考核等手段，引导企业通过提高服务质量和企业信誉进行市场竞争。市场进一步放开后，运输服务在数量上的需求会得到充分满足，但质量未必会有很大提高，因为在市场发展初期，价格战往往是市场竞争的主要手段，这将极大地降低企业和行业利润，也影响着服务质量。因此，非常有必要逐步引导运营企业依靠质量而非价格争夺市场，主要手段为加强质量信誉考核。基于不同业态特征，逐步建立和健全道路客运、旅游包车、出租车、汽车租赁、道路货运（含传统货运、城市配送、搬家、快递等）、停车、机动车维修等行业的质量

信誉考核制度。一方面，将考核结果与客运线路资源配置、运力运营许可证发放、政府购买服务等挂钩；另一方面，加大考核结果宣传，推广优质企业，引导消费者。同时，建立汽车租赁信用体系，促进行业内企业对用户信誉考核信息共享，加强该系统与公安、法院、银行等其他社会信誉体系的衔接，将个人汽车租赁信誉作为重要组成部分，纳入社会公共信誉体系。

2. 完善行业管理制度，加强执法与监管

管理制度、标准规范是行业管理和执法的依据，目前，许多领域相关制度需要建立和进一步完善，较为重要的包括：完善客运管理制度。建立、完善公共交通运营监管和服务规范等，严格落实对轨道交通、地面公交公司的运营考核。全面推动实施机动车停车管理办法、占道停车经营服务规范等，界定管理主体及责任，约束运营主体和消费主体。研究出台管理办法，强化旅游包车、道路客运、道路货运等行业"挂靠、承包"运营模式中公司的责任与风险承担，推动公司加强对挂靠车辆和人员服务的管理，引导逐步向"公车公营"模式转变。按照"谁违章谁负责"的原则，通过租赁合同、违章时间等判定违章主体，由目前租赁企业改变为违章行为人，建立合理的汽车租赁违章处理机制。

（三）建立科学合理的工作机制

按照决策、执行、监督分立的原则，明确并调整城市交通管理部门职责，建立"职责对等"的分工机制，加强对任务、政策的落实考核。

1. 建立"职责对等"分工机制

政府行业管理的职责是确定的，不管如何进行管理机构设置及职能划分，各具体职能都将落到某一具体部门，统一管理与部门分治的区别是内部协调和外部协调。因此，多部门管理不是主要问题，关键在于各部门是否把自己分内的事情做好，以及在此基础上建立的协调机制是否有效。在推动和落实工作任务过程中，将任务和行动细化，根据部门实际职能，明确责任主体，建立职能与责任对等的分工机制，同时完善部门协调机制，加强资源共享和政策衔接，推动形成"分工负责、各司其职、协同推进"的工作格局。

2. 加强对部门工作任务考核

政策措施和工作任务有制定、执行与监督评估等环节，科学、合理地制定是前提和开始，更重要的是严格执行和落实。为促进和约束各部门积极落实各项任务，必须加强监督评估和考核，以有效促进政策的落实，判定各责任主体的绩效和政策的有效性。

（四）强化公众参与监督

提高运输服务质量的最终目的是让公众更加满意，公众是最终评判者。政策措施实施过程中，强化公众参与监督尤为重要。对相关部门的考核应充分考虑公众的意见和评价，将群众反映的交通问题办理情况纳入行政效能监察与部门绩效考核范畴。

1. 完善公众沟通反馈平台与制度

加快推进运输服务监督电话、网络等的整合，增强各地投诉中心的力量，拓展业务受理范围，作为交通运输全行业的投诉平台，包括公交、道路客运、出租、租赁、旅游包车、停车、货运、维修、水运等所有行业，改变目前各投诉监督电话各自为政状况，尤其是改变部分行业领域业务咨询电话与行业监督电话相同且在企业的现象；加强投诉中心对信息的分析整理能力，为行业部门绩效考核和政府决策提供支撑、依据。

2. 尽快建立和完善群众投诉的处理与反馈机制

研究出台相应管理办法，明确办理时限，规范办理流程，将群众问题受理、分办、办理、答复、回访形成闭环体系，确保群众反映的交通问题落到实处，做到"件件有着落，事事有回音"，将投诉率、办结率、群众满意率等作为部门考核的重要指标。

3. 建立代表普通消费者的民间组织

这些组织应包括公共交通乘客委员会、汽车维修消费维权专家委员会等，既强调这些民间组织对乘客和消费者提供信息咨询与建议，也应参考借鉴人大专业委员会的职能作用，更强调其对运输服务质量、服务水平的监督，以及在规划、评估中的作用。

第三节　交通运输与可持续发展

一、交通运输可持续发展必须遵循的原则

要实现交通运输的可持续发展，一方面，交通运输的发展必须与我国的经济社会发展需求和资源环境容量相适应；另一方面，必须为我国经济社会的持续、健康、快速发展奠定物质基础。在这一总体思想下，我国交通运输的发展应当遵循以下原则：

（一）有利于经济发展的原则

交通运输是经济发展的必要前提，即便不能称为经济活动的"火车头"，也是经济增长的"车轮"。发展交通运输，有利于资源的优化配置和统一市场的形成，促进商品和服务的流通，提高我国参与国际贸易和国际分工的能力；有利于降低生产成本，且能带动相关行业的发展，改善投资环境，吸引外资，增加就业机会等。我国改革开放40多年的快速增长，经济有条件实现可持续发展，这也需要交通运输能力有一个较大的提高。同时，交通运输基础设施建设也是当前扩大内需、启动市场的一条重要途径，更能为中长期发展提供基础。

（二）以人为本的原则

经济发展的目的是满足人们日益增长的物质文化需要，因此，交通运输的发展也要满足人们不断变化的需求。在我国完成第二步战略目标、人民生活达到小康水平之后，人们的消费需求有了更多的选择，更注重生活质量的提高，"出行"在消费支出中的比重呈上升趋势，人们不再满足于普通的客运服务，更需要有高质量的服务。交通运输的发展要适应这种形势变化的需要，将提供快速、准时、舒适和安全的服务作为交通运输发展的原则之一。

（三）提高整体竞争力的原则

交通运输对每一种商品生产来说都是成本的一部分，如果交通运输费用高，

商品价格就会提高，商品就会失去竞争力。国际经验表明，尽可能完备和实用的基础设施是决定一国参与国际竞争能力的关键因素。交通运输的发展要有利于降低成本，增强制造业的竞争力，并在整体上提高国家的竞争力。提高交通运输效率是提高竞争力的一个重要途径。一是要缩短人员、物品在交通中所耗费的时间；二是优化配置各种交通运输资源，提高资源的利用效率；三是要加强管理，提高服务质量。加强交通运输体系的管理，特别是规范各种交通运输税费的征收，是当前提高经济整体竞争力的另一个重要途径。随着我国经济的发展和社会主义市场经济体制的建立，更多的非国有投资介入交通运输建设，加快了交通运输的发展和市场化的进程。在这一过程中，由于管理经验不足和管理体制不健全造成的过高的交通运输收费，也增加了生产和营销的成本。

（四）环境友好的原则

交通运输基础设施的建设，应当有利于减少交通拥挤现象，加快平均车速，缩短运输里程，从而达到减少污染物排放总量的目的。我国交通运输的发展，特别是城市交通运输体系的构建、交通运输方式和交通工具的选择及其组合，必须遵循在等运量的前提下产生的环境污染荷载最小，对生态造成的损失最小的原则。

（五）保证国家安全的原则

可持续发展的前提之一是国家安全，国家安全包括国防安全、经济安全、社会安全、环境安全等方面。随着技术的进步，现代战争是常规交通运输所不能满足的。交通运输体系的构建，应立足于平时的经济建设，但也应当与通信等设施建设相互配套，以防在外部入侵或内部洪涝、地震等灾害事件突发时，有利于信息的传递、救援部队的派遣、应急物资的运输、被困人员的疏散等，以保证国家和人民生命财产安全。

（六）系统最优的原则

交通运输体系的构建是一个系统工程，应根据系统最优的原理，进行各种交通运输方式的优化配置，单一交通运输方式内部的合理布局，兼顾社会效益和经济效益的统一，国家利益、地方利益和部门利益的统一。各种交通运输方式之间既竞争又互补，要发挥各自的优势，综合集成，达到系统最优。具体地说，一是要在铁路、公路、航空、管道、水运这五种交通运输方式之间进行合理配置和优化；二是在单种运输方式内部进行合理布局，优化线路的空间布局，避免和克服运力过剩与运力严重不足同时并存的弊端；三是要不断创新，依靠科技进步，开发对环境无害的交通运输工具，提高交通运输中的科学技术水平；四是要实现社会效益和经济效益的统一，国家对那些社会性、公益性的交通运输项目，对国土开发型的、用于国际目的的和用于扶贫目的的铁路、公路或水路等交通运输基础设施项目的建设，要统筹规划、优化管理、超前建设，构建管理科学、竞争有序、优势互补的综合交通运输体系。

二、中国交通运输可持续发展战略与模式选择

（一）中国交通运输可持续发展战略

1. 发展与调整

在运力结构上，要使各种运输方式能够充分发挥各自的比较优势，就要充分发挥成本较低的水运和铁路在大宗物资，特别是煤炭、粮食、矿产和建材等方面的运输优势。公路运输要注意发展零担运输和快件运输，以适应小批量、时效性较强货物的运输需要。航空运输的发展方向是重点发展长距离旅客运输，发挥民航运输的速度优势。要努力提高成品油、煤炭等管道并行运输的管道运输比重。

在布局结构上，既要注意满足运量繁忙地区的运输需求，消除"瓶颈"制约，提高运输效率和质量，也要重视欠发达地区的交通运输基础设施的建设，为欠发达地区的经济发展提供最重要的基础条件。

在技术结构上，要逐步提高装备技术水平，以提高交通运输业的经济效益，降低资源消耗和污染排放水平，从而有利于可持续发展目标的实现。铁路要大范围开行重载列车，发展高速铁路；提高铁路运送速度，以适应经济活动节奏加快的需要；发展电力机车和内燃机车，减轻对环境的污染。公路运输要提高货运车辆的载重能力，降低单位运输成本；发展高档客车，适应高速公路客运发展需要；提高车辆的排放标准，减轻对环境的污染；发展专用运输车辆，如集装箱、

散装、冷藏、危险品等运输车辆，提高运输的效率、质量和安全性。水运要发展适应客货运输要求的专用船舶，如集装箱、冷藏、旅游、气垫等船舶。航空要发展大型运输飞机，提高运输效率，降低成本和能耗。

2. 建立政府与企业职能分工明确的体制

我国已经明确提出了建立社会主义市场经济体制的目标，并努力推进为实现这一目标的一系列改革。政企关系的改革是其中的一个重要内容。只有政府职能与企业职能得到明确的区分，才能使企业真正成为自主决策、自主经营的独立市场主体，使企业具有足够的、不断改善经营绩效的内在激励机制。虽然为发展提供基础设施是市场经济条件下政府的基本职责之一，但是在基础设施的运营管理上必须采取商业化管理的方法。针对铁路所具有的公共产品的性质，应当以法律形式界定国家与铁路运输业的关系，为铁路运输业实行市场化经营创造条件。在此基础上，国家应放松对铁路运输业的管制，确立铁路运输价格市场形成机制，使铁路运输业真正转型为市场主体，从而能够依据运输市场状况进行独立决策和经营。

3. 经济效益与社会效益的兼顾和统一

交通运输设施作为最重要的社会基础设施和公共产品，既可以发挥巨大的经济效益，又具有重要的社会效益。国家在对交通运输设施进行规划和布局时，必须从全局的角度进行考虑，兼顾经济效益和社会效益，二者不能偏废。

一般而言，在交通运输需求达到一定规模之后，交通运输业在满足交通运输需求、为全社会创造经济效益和社会效益的同时，可以通过合理的运价对所提供的运输服务收取报酬，使运输企业本身也收到较好的经济效益。但在欠发达地区、边远地区等，由于一般运输需求较少，从运输企业的角度来说，就难以得到较好的经济效益；从政府的角度出发，则必须考虑为居民提供必要的出行条件，为欠发达地区的发展提供必要的交通基础设施，乃至维护国家安全和社会稳定等社会效益方面的内容。国家在对交通运输设施进行规划布局时，不仅要布局那些从交通运输企业的角度来说经济效益好的线路，还必须从社会效益的角度出发，布局一些从交通运输企业的角度来看无法营利、无法实现自负盈亏的线路。

4. 立足当前，着眼长远

由于交通基础设施一旦建成，一般都可使用相当长的时间，在较长时间内产生影响和发挥效益，因此，正确处理交通运输规划的长期目标和短期目标的关系是十分重要的。"立足当前，着眼长远"应当成为处理这一关系的基本原则。

具体来讲，在交通运输设施的建设规划上，在首先考虑满足当前运输需求的同时，还必须考虑未来运输需求的变化趋势，为未来的发展预留出空间和余地。在技术的选用上，既要考虑当前的经济承受能力，也要考虑未来随着经济的发展、人民需求层次的提高对采用新技术的要求，尽可能使未来的技术转换能够顺利进行。

5. 以科技进步作为交通运输发展的重要动力

科学技术是第一生产力。科技进步在经济生活中的重要作用已经得到广泛认同，各个产业部门均把科技进步作为推动产业发展的主要动力，交通运输部门也不能例外。依靠科技进步是全方位提高运输能力和运输效益的有效途径，因此，要鼓励交通运输应用先进科技，根据我国国情，在重视开发和引进先进技术的同时，科学、合理地确定适用技术，并通过引进、消化方面的努力，不断使当前阶段的先进技术成为下一阶段的适用技术。

6. 确立稳定的、有机结合的多元化投资体制和多元化融资渠道

改革开放以来，由于国民收入分配关系及相关的社会储蓄结构的变化，投资主体的多元化进展较快，交通运输产业的多元化投资格局和融资渠道的多元化已经在一定程度上实现。政府预算内的投资比例已经降到一位数，而且有进一步下降的趋势，来自企业积累、引进外资、银行信贷、证券投资和私人投资的份额在不断上升。但是我国运输基础设施的建设落后于经济发展的需要，落后于国际水平的现实还没有根本改变，今后仍有必要加大交通运输的建设投入，以实现交通运输的现代化。为此，需要在确立稳定的、有机结合的多元化投资体制和进一步开辟多元化的融资渠道方面做出努力。要通过立法解决投资利益的保护和投资行为的规范问题，政府依法保护投资者的经济权益，并对投资行为进行必要的管理和监督。要积极探索各种交通建设债券的发行和运用方式，以及 BOT 方式及其派生方式、经营权转让方式等多种融资方式，拓宽融资渠道。要借鉴国际上的先进经验，培育投资主体，按照商业原则组织投资和运营，使交通运输部门成为一个富有生机和活力的投资领域。

（二） 中国交通运输可持续发展模式选择

1. 建设强大的交通运输体系

（1） 建设强大交通运输体系的必要性

交通运输是国民经济发展必不可少的基础，是满足人们日常生活的需要、促进文化交流的前提，是联系生产和消费的纽带，是工业发展和资源开发的先驱。世界上的经济发达国家和地区在其经济发展的早期，都有过交通运输快速优先发展的时期，而中国正处于由工业化初期向工业化中期转化的时期，参照国际上的经验，必须大力发展交通运输业才能满足经济快速增长的要求。中国经济发展的事实也充分说明了这一点。要建设发达的经济，必须建立强大的交通运输体系，以满足经济快速发展带来的巨大的物质和人员流动需求，否则，交通就会拖经济的后腿，阻碍经济的发展。交通运输对保证国民经济的发展，拉动经济增长，都起着无可比拟的作用，就中国的实际情况而言，发展交通运输业具有更加迫切的经济和战略意义。

可持续发展是 21 世纪世界经济发展的主题，也是我国社会经济高质量发展的主要命题。交通运输体系的可持续性是影响社会经济高质量发展的重要因素，也是关键要素。要加快生态文明体制改革，建设美丽中国，推进绿色发展；同时，也要推进交通发展，实现交通强国。建立可持续的交通运输体系是交通强国建设的主旨所在，需要通过大力发展可持续交通运输体系，以满足我国社会经济发展对交通运输的需求，满足人们对美好生活的需求。

（2） 建设强大交通运输体系的路径

①要加强交通与资源、环境的统筹规划，突出交通运输与经济社会及不同运输方式间彼此协调发展的问题。要把握交通运输在项目建设、运营、管理等方面对资源使用和生态环境的影响，了解并遵循交通运输在客流、物流方面的规律，加强统筹规划，打破不同交通运输方式之间的壁垒，根据各种交通运输方式的优势，合理配置交通运输资源，强化各种交通运输方式之间的衔接配合，提高综合交通运输效率和服务水平。

②推进交通运输行业的技术创新，发展节约型交通运输工具。要把技术创新作为交通运输行业可持续发展的新动能，发展节约资源（土地和能源）、环境影

响小（尾气排放和噪声污染）、技术先进的交通工具。加快发展高速、重载技术和集装箱多式联运技术及现代物流技术，推广运输技术与装备的标准化与国际化。积极采用先进现代信息和通信技术，充分利用交通基础设施能力，提高运输工具使用效率，降低能源损耗。

③优化运输结构，促进不同运输方式之间的合理分工。不同运输方式具有不同的技术经济特征，在土地占用、能源消耗、环境污染（空气、噪声）等方面明显不同，同时，不同运输方式在运营组织和成本支出方面也存在明显差异。例如有的适合短距离运输，有的适合中长距离运输，有的适合大宗货物运输，有的则适合小批散货运输。优化运输结构，就是要推进交通运输行业的供给侧改革，向资源节约、环境友好型运输结构转变，同时发挥价格等手段的作用，促进不同运输方式之间的合理分工和协作，降低运输成本，提高综合交通运输效率。

④建立发达的城市公共交通体系，实现城市交通的可持续发展。城市交通是城市社会经济发展的支撑和保障。随着机动车特别是小汽车的不断增加，尾气排放、交通拥堵等成为越来越多城市面临的问题，城市交通已经成为影响甚至是制约城市社会经济发展的主要因素。以中心城市引领城市群发展，进而带动区域经济发展，是未来我国经济发展的新模式，建立可持续的城市交通运输体系是城市经济可持续发展的重要基础和保障，也是我国当前和未来一段时间需要解决的重大课题。必须强力改进现有城市交通体系，大力发展城市公共交通，建立包括轨道交通、地面公交、自行车等在内的高效发达的交通体系。制定交通需求管理政策，采用包括经济手段、行政手段在内的各项措施，抑制小汽车的过度使用，减少尾气排放和交通拥堵。通过规划、政策等各种途径，打造全新的、符合可持续发展要求的城市交通体系。

2. 与区域经济发展相结合的路网布局

中国地域辽阔，各地的自然、经济条件差别大。从自然条件看，中国地形起伏较大，自西向东呈三个梯度逐步降低，南北跨的温度带和东西跨的湿度带比较多，地貌类型复杂，这些因素决定了中国必须因地制宜地发展适合各地自然条件的运输方式。就大的地域而言，中国可以分为东、中、西三大经济地带，经济水平逐渐降低。东部沿海地区是中国经济最发达的地区，工业密集，已经形成了一系列的工业基地和工业地区，也是人口最集中、人口密度最高的地区。

交通布局也要适应这种地域特点。东部沿海地区经济发达，人员物资联系紧密，客货运量大，必须建设发达的运输联系体系，应加快铁路的建设，适当提高列车的旅行速度和通过能力，在繁忙区段可考虑建设高速铁路或者客运专线，如建设京沪高速铁路等；增加铁路的复线率，尽可能地使连接各经济中心城市的铁路高速化；进行港口建设，远洋运输是中国与世界各国进行贸易往来的主要运输方式，承担了 90% 的外贸货物运输，为适应经济发展的需求，必须加大港口尤其是重要的大型枢纽港的建设力度，完善港口设施，加大与之配套的铁路和公路的疏运能力；集装箱运输是国际远洋运输中发展比较快的现代化运输方式，在中国发展很快，但迄今为止中国大陆还没有建成国际集装箱枢纽港，严重影响着中国高价值货物的进出口。为此，中国必须在沿海选择比较合适的地点建设集装箱运输枢纽。中部地区是中国东部和西部之间的连接地带，也是中国能源的集中产区，中国最重要的煤炭基地——山西就位于这里，这一地区运量大，尤其是过境运输量比较大，所以，必须建设一些大的区际通道和大宗货物运输通道。西部地区经济发展相对滞后，人口较为稀少，资源丰富，但开发程度低，是中国未来的能源基地和重化工基地，按照中国地区倾斜性区域开发计划，是中国下一步投资开发的重点地区，按照"地区开发，交通先行"的原则，必须加大交通运输的基础建设，建设联系大的城镇和重要的工矿产地的交通干线，使之初步形成交通运输网，并具有多条与中部和沿海联系的干线通道，配合资源开发和工业发展，建设当地的交通网；由于自然条件比较恶劣，所以当地的交通方式应以铁路和公路为主，航空起适当的辅助作用。

出于地形的原因，中国的大江大河都呈东西流向，如长江、黄河和珠江等，而南北方向的仅有一条大运河，这就使中国的水运只具有东西方向的意义。长江号称中国的"黄金水道"，航运价值极高，珠江则是华南地区具有通航意义的河流；而南北意义不大，大运河并不能全线通航，只在南方部分区段可以通航。所以中国的干线交通在南北方向上应该以铁路为主干，配合以公路和沿海海运；东西方向可以考虑充分发挥水运的作用，尤其是沿河岸地区，是中国经济相对比较发达的地区，也是运输量比较大的地区，而且长江和珠江的运输能力也比较强大（长江平时可以通行 500 万吨的货轮），随着沿海开放，沿海内联的要求更加迫切，北煤南运、西煤东送、西磷东运，以及沿江产业密集带的建设、大西南的开发准备，都要求充分开发利用这条黄金水道。另外，还应该发挥长江和珠江的江海联运功能，建设比较完善合理的港口体系和与之配套的集疏运系统。当然，长江和珠江作为利用价值很高的水系，单一的航运开发是不够的，也难以实现，必须贯彻河流综合利用的原则。

3. 交通运输系统的优先发展

地区差距的存在及由于国家投资地区倾斜所造成的地区经济差距扩大，是中国和世界各国发展中都比较关心的一个问题。发展经济学认为，地区经济发展水平的差距在市场经济体制下，由于市场的极化效用会加大而不是缩小。地区差距的存在及加大，会破坏市场的完整，从而带来经济的萎缩，使人口大量流向经济发达地区，造成人口的过于集中化，从而引发一系列的经济和社会问题，所以，必须注重地区经济发展的相对均衡。避免由于地区差距过大所造成的经济和社会动荡是生产力发展的必然要求，也是中国经济发展的必由之路。

第六章 交通运输新业态

交通运输新业态是指在传统交通运输服务的基础上，通过科技创新和模式创新形成的新型交通运输服务形态。这些新业态包括但不限于智慧交通、绿色交通、共享出行、多式联运等，交通运输新业态的发展也得到了政策的支持和推动。交通运输新业态的发展是多方面的，它不仅包括技术创新，还包括服务模式的创新和管理方式的创新，旨在提供更安全、更绿色、更智能的交通运输服务。

第一节 交通运输安全

一、交通运输安全概述

（一）交通运输安全定义

交通运输安全是指在交通运输系统运行周期内，应用安全基本理论、评价方法、安全管理及防治技术，识别交通运输系统中的危险性并排除危险，或使危险减至最小，从而使交通运输系统在营运效率、使用期限和投资费用的约束条件下达到最佳安全状态；在一定的功能、时间和费用的约束条件下，人员和装备遭受的伤害和损失最少。

交通运输安全需要保证在规划、研究、设计、建设、试运营和使用等各个阶段，正确实施系统安全管理和安全防治，满足在能实现安全目标的前提下，交通运输系统的结构尽可能简单、可靠；配合系统运营的操作指令数目最少；任何一个部分出现故障，保证不会导致整个交通运输系统运行中止或人员伤亡；备有显示事故来源的检测装置或报警装置和安全可靠的自动保护装置并制定有效的应急措施。

（二） 交通运输安全特征

交通运输安全具有系统性、相对性、间接效益性、长期性、艰巨性和复杂性等安全的普遍性。其主要表现在以下六个方面。

1. 系统性

交通运输安全的系统性涉及技术系统的各个方面，包括人员、设备、环境等因素，而这些因素又涉及经济、政治、科技、教育和管理等许多方面。安全既受系统内部因素的制约，也受到系统外部环境的干扰；而安全的恶化状态，即事故，不仅可能造成系统内部的损害，而且可能造成系统外部环境的损害。

2. 相对性

交通运输安全的相对性表现在三个方面：①绝对安全的状态是不存在的，系统的安全是相对于危险而言的。②安全标准是相对于人的认识和社会经济的承受能力而言，抛开社会环境讨论安全是不现实的。③人的认识是无限发展的，对安全机理和运行机制的认识也在不断深化，即安全对于人的认识而言具有相对性。

3. 间接效益性

交通运输安全的间接效益性是指在人员、设备、环境和管理方面有相适应的安全投入，但是安全投入所生产的经济效益和社会效益是间接的、无形的，难以定量计算。安全的效益除了减少交通事故的直接和间接经济损失外，更重要的是提高人员素质、改进设备性能、改善环境质量和加强生产管理等方面所创造的积极的经济和社会效益。

4. 长期性

交通运输安全的长期性是指人们对安全的认识在时间上往往是滞后的，不可能预先完全认识到系统存在和面临的各种危险，即使认识到了，有时也会由于受到技术条件等限制而无法控制。随着技术进步和社会发展，旧的安全问题解决了，新的安全问题又会产生，所以交通运输安全工作是一个长期的工作。

5. 艰巨性

交通运输安全的艰巨性体现在高技术总是伴随着高风险，随着现代科学技术的发展，各种技术系统的复杂程度都增加了，相比于传统的交通运输系统，现代交通运输系统在规模、速度、设备和管理上都发生了极大的飞跃，同时发生事故的影响、伤亡、损失和补救困难程度也都远超过传统交通运输方式。事故是一种小概率的随机偶发事件，仅利用已有的事故资料不足以及时、深入地对系统危险性进行分析。因此，认识事故机理，不断揭示系统安全的各种隐患是一项艰巨的任务。

6. 复杂性

交通运输安全受外部环境的影响大，交通运输生产是在一个开放的环境中进行的，其过程有较大的空间位移和时间延续，雨、雾、风、雪等各种自然灾害对交通运输安全均会产生不利的影响；社会治安、风气和政治经济状况等社会环境也会对交通运输安全产生影响，难以控制和预测，交通运输安全的综合治理涉及面广、难度大。

二、交通运输安全基础理论

（一）事故学

事故学的基本出发点是事故，以事故为研究对象和认识目标，在事故和灾难的经历上来认识安全，采用的是一种逆式思路模式（从事故后果到事故原因）和就事论事、"亡羊补牢"的对策。事故的模型有因果连锁模型（多米诺骨牌模型）、综合模型、轨迹交叉模型、人为失误模型、生物节律模型、事故突变模型等。事故致因理论有事故频发倾向理论、能量意外释放理论、能量转移理论等。事故预测所采用的方法有线性回归、趋势外推、规范反馈、灾变预测、灰色预测等。事故预防理论有"3E"对策理论、事后型对策等。事故学理论的主要导出方法是事故分析（调查、处理、报告等）、事故规律的研究、事后型管理模式、"三不过"的原则（发生事故后原因不明、当事人未受到教育、措施不落实三不放过）、建立在事故统计学上的致因理论研究、事后整改对策等。事故学理论对研究事故规律、认识事故的本质、指导预防事故有重要意义，在长期的事故预防与保障人类安全生产和生活过程中发挥了重要作用，是人类安全活动实践的重要理论依据。

（二）风险控制论

风险控制论以危险和隐患作为研究对象，其理论基础是对事故因果性的认识，以及对危险和隐患事件链过程的确认。建立了事件链的概念，有了事故系统的超前意识和动态认识，确认了人、机、环境、管理事故综合要素，主张采用工程技术硬手段与教育、管理软手段相结合的综合措施，提出超前防范和预先评价的概念和思路。风险控制论发展了如下的理论体系：①系统分析理论，即故障树分析（FTA）、事件树分析（ETA）、安全检查表（SCL）、故障类型及影响分析（FMFA）等。②安全评价理论，即安全系统综合评价、安全模糊综合评价、安全灰色系统评价理论等。③风险分析理论，即风险辨识、风险评价、风险控制等。④系统可靠性理论，即人机可靠性、系统可靠性等。⑤隐患控制理论，即重大危险源、重大隐患控制、无隐患管理等。风险控制论指导下的方法体现了超前预防、系统综合、主动对策等特征。隐患控制理论从事故的因果性出发，着眼于事故的前期事件的控制，对实现超前和预期型的安全对策，提高事故预防的效果有显著的意义和作用。

（三）系统科学论

系统科学理论体系中有若干个重要理论，系统科学理论中有所谓"老三论"与"新三论"。"老三论"指系统论、耗散结构论和协同论，"新三论"指耗散结构论、协同论和突变论。

安全系统论是从安全系统的动态特性出发，人类的安全系统是人、社会、环境、技术、经济等因素构成的大协调系统。安全信息论是借助于大量的安全信息进行管理，其现代化水平决定于信息科学技术在安全管理中的应用程度。安全控制论原理认为一项管理活动由四个方面的要素构成：①控制者，即管理者和领导者。②控制对象，包括管理要素中的人、财、物、时间、信息等资源及其结构系统。③控制手段和工具，主要包括管理组织机构和管理法规、计算机、信息等。④控制成果。

耗散结构论可概括为一个远离平衡态的非线性的开放系统（不管是物理还是社会、经济系统）通过不断地与外界交换物质和能量，在系统内部某个参量变化达到一定阈值时，通过涨落，系统可能发生突变，由原来的混沌无序状态转变为一种在时间、空间或功能上的有序状态。协同论主要研究远离平衡态的开放系统在与外界有物质或能量交换的情况下，如何通过自己内部协同作用，自发地出现时间、空间和功能上的有序结构。突变论研究的是从一种稳定组态跃迁到另一种稳定组态的现象和规律。交通运输系统时刻处于非平衡态，具有一定自我稳定能力，在发生交通运输事故情况下，具有保持并恢复有序状态的能力。

（四）安全管理学

安全管理学首先涉及的是常规安全管理，有时也称为传统安全管理，如安全行政管理、安全监督检查、安全设备设施管理、劳动环境及卫生条件管理、事故管理等。例如，安全生产方针、安全生产工作体制、安全生产五大原则、全面安全管理、"三负责"制、安全检查制、安全检查表技术等综合管理方法；也包括生产现场微观安全管理技术。随着现代企业制度的建立和安全科学技术的发展，现代企业更需要发展科学、合理、有效的现代安全管理方法和技术。现代安全管理是现代社会和企业实现安全生产与生活的必由之路。一个具有现代技术的生产企业必然需要相适应的现代安全管理科学。

目前，现代安全管理是安全管理工程中最活跃、最前沿的研究和发展领域。现代安全管理工程的理论和方法有安全哲学原理、安全系统论原理、安全控制论原理、安全信息论原理、安全经济学原理、安全协调学原理、事故预测与预防原理、事故突变原理、事故致因理论、事故模型学、安全法制管理、安全目标管理法、无隐患管理法、安全评价、安全行为科学、安全管理的微机应用、安全决策、危险分析方法、风险分析方法、系统安全分析方法、系统危险分析、故障树分析、PDCA 循环法（计划、执行、检查、处理四个质量管理阶段）等。

现代安全管理的意义和特点在于：①要变传统的纵向单因素安全管理为现代的横向综合安全管理。②变传统的事故管理为现代的事件分析与隐患管理（变事后型为预防型）。③变传统的被动安全管理对象为现代的安全管理动力。④变传统的静态安全管理为现代的动态安全管理。⑤变过去企业只顾生产经济效益的安全辅助管理为现代的效益、环境、安全与卫生的综合效果管理。⑥变传统的被动、辅助、滞后的安全管理程式为现代主动、本质、超前的安全管理程式。⑦变传统的外迫型安全指标管理为内激型的安全目标管理。

三、交通运输安全分析与评价

（一）交通运输安全影响因素

交通运输系统是一个非常复杂的宏大系统。它是由系统硬件（交通运输基础设施和交通运输安全技术设备）、系统工作人员（交通运输系统内的各级管理人员和基层作业人员）、组织机构（管理机构、运行机构、维修机构等）及社会经济因素（政治、经济、文化、法律等）相互作用而构成的设备——技术系统。

1. 人员因素

交通运输安全与许多活动有关，各项活动又依赖高效、安全和可靠的人的行为。在交通运输工作的每个环节、每项作业中，都是由人来参与并处于主导地位的，人操纵、控制、监督各项设备，完成各项作业，与环境进行信息交流，与其他作业协调一致。由于人在运输工作中的重要地位，因此，人员因素在交通运输安全中起着关键性作用。随着自动化程度的不断提高，表面上看起来似乎系统对人的依赖程度减少了，但在系统设计、生产和使用阶段，因为人员错误地执行规定任务，使得系统的可靠性受到影响。人为差错或失控产生的因素是多方面的，如操作者负担过重、疲劳及人的综合素质等。

2. 设备因素

交通运输设备是除人之外影响交通运输安全的另一个重要因素，质量良好的设备既是运输生产的物质基础，又是交通运输安全的重要保证。与交通运输安全有关的设备类型主要包括运输基础设备和交通运输安全技术设备。

3. 环境因素

影响交通运输安全的环境条件包括内部小环境和外部大环境两部分。

内部小环境是对微观的人—机—环境系统而言的，内部环境通常是指作业环境，即作业场所人为形成的环境条件，包括周围的空间和一切生产设施所构成的人工环境。影响交通运输安全的内部环境绝非仅是作业环境，它还包括通过管理所营造的运输系统内部的社会环境，即运输系统外部社会环境因素在运输系统内的反映，它涉及面很广，包括运输系统内部的政治、经济、文化、法律等环境。

外部大环境包括自然环境和社会环境。自然环境是指自然界提供的、人类难以改变的生产环境。由于运输线路暴露在大自然中，经常遭受洪水、雷雨、风沙、泥石流、台风、地震等自然灾害的威胁。此外，气候因素（风、雨、雷、电、雾、雪、冰等）、季节因素（春、夏、秋、冬）、时间因素（白天、黑夜），以及运输线路沿线的地形地貌等也是不容忽视的事故致因。社会环境包括社会的政治环境、经济环境、技术环境、管理环境、法律环境及社会风气、家庭环境等，对交通运输安全均有不同程度的影响，较为直接的是运输线路沿线治安和场站秩序状况。

4. 管理因素

交通运输安全管理是指管理者按照安全生产的客观规律，对运输系统的人、财、物、信息等资源进行计划、组织、指挥、协调和控制，以达到减少或避免交通运输事故的目的，有效地减少运输事故及事故所引起的人和物的损失。交通运输安全管理主体是运输系统的各级管理人员。管理对象是人（基层作业人员）、财（安全技术措施经费等）、物（运输基础设备和交通运输安全技术设备等）、信息（安全信息）等。管理方法是计划、组织、指挥、协调和控制。本质是充分发挥人的积极性和创造性，调动一切积极因素，促使各种矛盾向有利于通运输安全的方面转化。

（二）交通运输安全统计

交通运输安全统计是针对某一类交通事故的总体而进行的调查研究活动，目的是查明交通事故总体的分布情况、发展动向及各种影响因素对交通事故总体的作用和相互关系，以便从宏观上把握一个单位或一个地区的交通运输安全情况，定量地认识交通运输安全的本质和内在的规律。交通运输安全统计必须是从总体入手，而且需要有明确的数量概念。主要的研究内容包括：与交通运输事故有关的基础数据统计，如某地区的人口数量、载运工具保有量、道路（或轨道、航道、航线）密度、交通流量、交通事故数、死亡人数、受伤人数、直接经济损失等。时间序列事故分布规律，如按照年、月、日、时进行的各种事故统计。空间序列事故分布规律，如按照全国、省、市、县、地区，以及按照不同交通运输方式（道路、轨道、水运、航空）、路段（交叉口、区间、车站内、道口、港口、水域）等所进行各种事故统计。与事故有关的交通环境统计，如线路的几何尺寸和线形、交通量、气候条件、事故发生次数的统计分析。事故原因统计，从自然灾害、载运工具、基础设施、人为因素以及管理因素等方面对导致某类交通事故发生的原因分布进行的统计分析。与事故有关的交通参与者的心理、生理特征规律的研究，如性别、年龄、驾龄、饮酒和疲劳等。与人的伤害有关的各种统计分析，如受伤部位、类型等。与事故类型、等级分布有关的统计，以及交通事故中的避让行为与碰撞规律。

1. 交通事故时间分布

交通事故时间分布是指交通事故随时间而变化的统计特征。交通事故与交通互动及交通环境都有密切的联系，具有随时间而变化的特征，宏观统计分析可以揭示其内在变化规律。

交通事故时间分布统计的时间单位可以根据需要确定，按照年份统计，可以了解连续若干年来交通事故发生的趋势、不同年份事故高峰和低谷的信息，并可以进一步研究引起变化的原因，为以后的安全管理提供依据；按月份统计，可以分析一年中的事故整体分布情况，也可以分析某一类事故的月份分布。同样，可以按季度、周进行统计分析，甚至可以对事故发生的具体时间进行统计，进而分析不同时间对交通参与者行为的影响。

2. 交通事故空间分布

由于交通环境、交通组成和交通分布不同，交通事故在空间上呈现不同的分布特征。实际应用中，不同领域的交通安全管理者对交通事故空间分布也有着不同的理解。道路交通事故的空间分布是指道路交通在城市、农村、各种类型道路及具体路段、交叉口的分布情况；轨道交通事故的空间分布是指事故在轨道道口、车站内、区间、隧道口、铁路桥、列车交会处等位置的分布情况；水路交通事故的空间分布是指水路交通事故在港口水域、沿海水域、分道通航制水域等各类型的水域或者航段上的分布情况。交通事故空间分布统计中的具体划分角度可以根据研究目的及所研究的对象来确定。

3. 交通事故形态分布

交通事故形态可以结合时间分布和关联分布进行分析，时间分布是指各种事故形态随时间序列变化的分布情况，关联分布是指事故形态与其他关联因素组合后的各种事故形态随时间序列变化的分布情况，具有代表性意义的关联分布类型包括四种：①不同时间的事故形态分布，包括不同月份、星期、小时等情况下的事故形态的分布及变化情况。②不同空间的事故形态分布，包括不同等级公路、城市道路、铁路或城市轨道线路、航道上的事故形态分布及其变化情况，以及同一等级公路、城市道路、铁路或城市轨道线路、航道上不同路段、交叉口、道口、区间、水域上的事故形态的分布及其变化情况。③不同类型的事故形态分布，包括死亡事故、受伤事故和财产损失事故三种不同类型的事故形态分布及其变化情况。④不同天气条件下的事故形态分布，包括晴、阴、雨、雪、雾等天气下的事故形态分布及其变化情况。

（三）交通运输安全分析

交通运输安全分析运用系统工程的原理和方法，对交通运输系统中存在的危险因素进行深入、仔细的分析，并根据实际需要对其进行定性、定量描述，估计事故发生的概率和可能产生伤害及损失的严重程度。通过分析查明系统中的危险因素，采取相应措施控制危险，保证交通运输系统安全运行。交通运输安全分析是交通运输安全的核心内容，是交通运输安全评价的基础。

1. 交通运输安全分析方法分类

安全分析方法是根据对危险性的分析、预测及特定的评价需要而研究开发的，因此它们具有各自的特点和一定的适用范围，使用时应尽量了解系统，并选用合适的、具有特色的方法。目前，比较常用的安全分析方法主要有以下六种。

（1）统计图表分析。一种定量分析方法，适用于对系统发生事故情况进行统计分析，便于找出事故发生规律。

（2）因果分析图。将引发事故的重要因素分层（枝）加以分析，分层（枝）的多少取决于安全分析的广度和深度的要求，分析结果可供编制安全检查表和事故树用。该方法简单、用途广泛，但难以揭示各因素之间的组合关系。

（3）安全检查表。按照一定方式（检查表）检查设计、系统和工艺的过程，查出危险性所在，方法简单、用途广泛，并没有任何限制。

（4）预先危险性分析。确定系统的危险性，尽量防止采用不安全的技术路线，危险性的物质、工艺和设备。其特点是把分析工作做在行动之前，避免由于考虑不周而造成的损失。

（5）事件树分析。由不希望事件（顶事件）开始，找出引起顶事件的各种失效事件及组合，最适用于找出各种失效事件之间的关系，即寻找系统失效的可能方式。该方法可包含人、环境和部件之间的相互作用等因素，加上简明、形象化特点，已成为广泛适用的安全分析方法。

（6）事故树分析。由初始（希望或不希望）事件出发，按照逻辑推理推论其发展过程及结果，即由此引起的不同事件链；该方法广泛用于各种系统，能够分析出各种事件发展的可能结果，是一种动态的分析方法。

2. 交通运输安全分析方法选择

在进行交通运输安全分析方法选择时应根据实际情况，并考虑以下四个问题。

（1）分析目的。交通运输安全分析方法的选择应该能够满足对分析的要求，最终目的是辨识危险源，而在实际工作中要达到一些具体的目的。例如，对系统中所有危险源，查明并列出清单；掌握危险源可能导致的事故，列出潜在事故隐患清单；列出降低危险性的措施和需要深入研究部位的清单；将所有危险源按危险大小排序；为定量的危险性评价提供数据。

（2）资料影响。相关资料收集的数量、详细程度、内容的新旧等，都会对选择系统安全分析方法产生至关重要的影响。一般来说，资料的获取与被分析的系统所处的阶段有直接关系。例如，在方案设计阶段，采用危险性和可操作性研究或故障类型和影响分析的方法就难以获取详细的资料。随着系统的发展，可获得的资料越来越多、越来越详细。为了能正确分析，应该收集最新的、高质量的资料。

（3）系统特点。要针对被分析的系统特点选择交通运输安全分析方法。对于复杂和规模大的系统，由于需要的工作量大、时间较多，因此应先采用较简洁的方法进行筛选，然后根据系统的详细程度选择相应的分析方法。对于不同类型的操作过程，若事故发生是由单一故障（或失误）引起的，则可以选择危险性与可操作性研究；若事故的发生是由许多危险因素共同引起的，则可以选择事件树分析、事故树分析等方法。

（4）系统危险性。当系统的危险性较高时，通常采用系统、严格、预测性的方法，如故障类型和影响分析、事件树分析、故障树分析等方法；当危险性较低时，一般采用经验的、较粗略的分析方法，如安全检查表等。

（四）交通运输安全评价

1. 交通运输安全评价概念

交通运输安全评价亦称为交通运输风险评价，是指对一个具有特定功能的工作系统中，固有的或潜在的危险及其严重程度进行的分析与评估，并以既定指数、等级或概率值做出定量的表示，根据定量值的大小决定采取预防或防护对策，以寻求最低的事故率、最少的损失和最优的安全投资效益。为了保证交通运输工程项目（如道路、轨道、桥梁、隧道、港口、航道、机场、长输油气管道等）的安全运行和安全使用，必须进行安全评价。

安全评价按进行的阶段可以分为事前评价（前馈评价）、过程评价（现状评价）、事后评价（后馈评价）、跟踪评价等类型；按指标（目标）量化的程度可分为定性评价与定量评价；按项目目的和用途可以分为安全预评价、安全验收评价、专项安全评价和安全现状综合评价。

2. 交通运输安全评价原则

事故的发生虽然具有偶然性和突发性，但除了人力不可抗拒的自然灾害外，所有的生产事故都是可以预测、预防和控制的。"预防为主"是现代安全管理的基本原则，安全评价的最终目的就是清除事故隐患，预防事故发生。安全评价的基本原则包括以下方面。

（1）科学性原则。系统安全评价方法要能够反映客观实际，辨识出系统中存在的所有危险，评价的结论要与实际情况相符。

（2）系统性原则。危险性存在于生产活动的各个方面，只有对系统进行详细解剖，研究系统与子系统之间的相互关系，才能合理地识别评价对象的危险程度。

（3）综合性原则。系统安全分析和评价的对象差别很大，涉及企业的人员、设备、物料、法规等各个方面，不可能用单一的方法就完成任务。因此，在评价时，一般需要采用多种评价方法，取长补短。

（4）适用性原则。系统分析和评价方法要适合具体情况，即具有可操作性，方法简单，结论明确，效果显著。设定的不确定因素过多，计算过于复杂、艰深而难以理解的方法是不可取的。

3. 交通运输安全评价方法与内容

目前，采用的交通运输安全评价方法主要有安全检查表、预先危险性分析、危险指数法、故障假设分析、故障假设/检查表分析、危险度评价、危险和可操作性研究、故障类型和影响分析、原因—后果分析、风险矩阵、概率危险评价体系、人员可靠性分析、作业条件危险性分析等。

各种方法都具有特点并适用于特定场合。新的安全评价方法有模糊概率法、决策支持系统、人工神经网络技术等。现代安全评价方法主要内容包括危险识别、危险定量、定量化的危险与基准值比较、提出控制危险的措施。危险识别是分析研究对象存在的各种危险；危险定量则是研究确定这些危险发生频率及可能造成后果；一般将定量化的危险称为风险，与基准值比较是将这些风险与预定风险值相比较，判断是否可以接受；控制危险措施是根据风险能否接受而提出的降低、排除、转移风险的对策。

4. 交通运输安全评价一般程序

交通运输安全评价一般程序主要包括以下四个步骤。

（1）准备阶段。明确被评价对象和范围，收集国内外相关法律法规、技术标准及工程、系统技术资料，了解同类设备、设施或工艺的生产和事故情况，评价对象的地理、气候条件及社会环境状况。

（2）危险危害因素识别与分析。根据被评价的工程、系统情况，识别和分析危险与有害因素，确定危险与有害因素存在部位、存在方式、事故发生原因和机制。

（3）选择评价方法进行评价。在危险、有害因素识别和分析的基础上，划分评价单元，选择合理的评价方法，对工程、系统发生事故的可能性和严重性进行定性、定量评价。

（4）提出降低或控制风险的对策措施。根据评价和分析结果，高于标准值的风险要采取工程技术或组织管理措施，降低或控制风险；低于标准值的风险属于可接受或允许的风险，应建立检测系统，防止生产条件变化导致风险值增加，对不可排除的风险要采取防范措施。

第二节　绿色交通运输

一、绿色交通运输概述

（一）绿色交通运输定义

随着绿色环保理念在各行业的推广与应用，绿色交通运输逐渐成为未来交通运输业发展的趋势。绿色交通运输广义上是指资源节约、环境友好的可持续交通运输系统，即在最小的资源能源消耗和生态环境破坏的基础上，最大限度地满足人们出行需求，实现交通运输与社会经济协调发展、与自然生态和谐共生的可持续发展。而狭义上的绿色交通运输指为节省建设维护费用而建立的低污染且环境多元化的交通运输系统。

绿色交通运输强调交通运输系统的环境友好性，主张在交通运输系统的规划、建设和运营管理过程中注重环境保护和生活环境质量。绿色交通运输与解决环境污染问题的可持续性发展理念一脉相承，强调交通运输的"绿色性"，即缓解交通拥挤、减少环境污染、促进社会公平、合理利用资源，以集约化和低碳化为主导，要求使用清洁能源、低排放、对环境影响小、对生态冲击程度小的交通运输方式及载运工具，从而节约土地资源，实现交通运输系统全环节的绿色化。

考虑到绿色交通运输是一项系统工程，具有利益相关主体多元化、涵盖领域环节齐全、涉及资源环境要素丰富、影响因素众多等特点，在生态文明建设和绿色发展理念的新时代背景下，应从不同维度全面审视和系统把握绿色交通运输的内涵。

（二）绿色交通运输特征

绿色交通运输的本质是和谐的交通，包括与环境的和谐、与资源的和谐、与社会的和谐、与未来的和谐，而绿色交通运输的基本特征主要体现在三个方面。

1. 协和性

绿色交通运输的发展需要考虑与土地使用的协调、与环境保护的共生，同时保证过程中的公众参与。①绿色交通运输需要融入区域和城市规划，研究土地开发强度与交通容量和环境容量的关系，使土地利用和交通运输系统两者协调发展，达到可持续发展的绿色交通运输目标。②出行方式的选择须体现绿色，考虑对环境的关注和人本主义的回归。绿色交通运输与社会公众紧密联系，可提高其出行质量和生活质量，所以绿色交通运输的公众参与机制尤为重要。实现绿色交通运输需要人们提高素质、改变思想，建立有节制的出行观念，从而改变出行行为。

2. 可持续性

交通运输的发展在为人们提供物质财富（产品或运输服务）的同时，消耗着地球上的资源和能源。由于资源与生态负荷的有限性，在绿色交通运输发展过程中必须坚持机动车发展速度与道路资源发展速度、运输服务能力与运输需求增长速度、对环境的污染强度与环境的恢复能力、对环境的建设（如绿化、水土保持等）速度与环境的退化速度等方面的匹配与协调，以保证自然资源的可持续利用。

3. 系统性

绿色交通运输系统在观念上强调整体的可持续发展，经济、社会、生态的综合发展，以人为本的发展，长期利益、整体利益的发展，非物质资源或信息资源推动型的发展。突出系统的功能互补、集约的信息开拓、全局的综合运输体系设计。在注重扩展系统空间容量的同时，把更多的注意力放在系统结构的改善上，使每一个交通运输网络不仅自身合理，而且与相关网络之间也要充分协调和匹配。

（三）碳达峰与碳中和

交通运输业是能源消耗和温室气体排放的主要行业之一，是仅次于工业、建筑领域的第三大碳排放源。我国交通运输业碳排放具有占比低、增速快、减排潜力大的特点，其中，道路交通运输是交通运输碳排放的绝对主体。绿色交通运输把推动绿色低碳转型作为可持续交通发展的战略性任务，提出了碳达峰与碳中和

（双碳）的概念。碳达峰是指在某一个时间点，二氧化碳的排放不再增长达到峰值，之后逐步回落。碳达峰是二氧化碳排放量由增转降的历史拐点，标志着碳排放与经济发展实现脱钩，实现经济发展由高耗能、高排放向清洁低能耗模式的转变。碳中和是指企业、团体或个人测算在一定时间内，直接或间接产生的温室气体排放总量，通过植树造林、节能减排等形式，抵消自身产生的二氧化碳排放，实现二氧化碳的"净零排放"。

二、绿色交通运输发展战略

（一）绿色交通运输发展目标与原则

1. 绿色交通运输发展目标

绿色交通运输发展总目标是构建"结构合理、集约高效、节能环保、以人为本"的综合交通运输系统，以提高资源利用效率，实现交通运输发展全环节、全生命周期的绿色化。

（1）结构合理。构建以绿色交通运输方式为主导的综合交通运输系统是绿色交通运输发展的核心任务，优化交通运输结构，提高绿色交通运输方式分担率，发挥各种交通运输方式比较优势。

（2）集约高效。个性化运输需求与集约化运输之间存在一定的矛盾，如何既能满足个性化的运输需求，以及时效性、经济性、便捷性要求，又能实现集约高效、节能环保的运输目标，是绿色交通运输发展需要破解的难题。

（3）节能环保。交通运输必须注重节能和低碳发展，始终把节能环保作为绿色交通运输发展的重要任务，不断地提升交通运输绿色发展水平。通过采取有力的政策和措施，早日实现碳达峰与碳中和。

（4）以人为本。绿色交通运输发展面临交通拥堵、石油短缺、环境污染、气候变化等挑战，需要转变以车为本的观念，确立以人为本的理念。通过交通资源的公平合理配置，确保每个交通出行者的通行权、道路资源使用权和占有权，使人和物的流动达到安全便捷、经济高效、舒适可达的状态。

2. 绿色交通运输发展原则

（1）生态优先原则。坚持尊重自然、顺应自然、保护自然，把绿色发展摆在更加突出的位置，落实生态环境保护制度，全方位、全地域、全过程推进交通运输生态文明建设，全面提升交通运输基础设施、运输装备和运输组织的绿色水平。

（2）创新驱动原则。创新驱动在绿色交通运输发展中起支撑引领作用。坚持体制机制、管理、技术和方式创新，着眼于建设现代化经济体系的战略目标，着力深化交通运输供给侧结构性改革，加快推进综合交通运输管理体制等重点领域改革，转变交通运输发展方式，优化交通运输结构，推广绿色出行方式，推动形成交通运输绿色发展长效机制。

（3）系统推进原则。绿色低碳理念贯穿绿色交通运输发展各领域、各环节、全过程。坚持抓重点、补短板、强弱项，针对绿色交通运输发展制约性强、表现突出的问题，在重点领域和关键环节集中发力，打好污染防治攻坚战，以点带面，示范引领，不断地拓展绿色交通运输发展的广度和深度，形成交通运输发展与应对气候变化、生态文明建设相互促进的良好局面。

（4）协同治理原则。坚持以政府为主导、以企业为主体、社会组织和公众共同参与，通过法律、经济、技术和必要的行政手段，完善工作机制和配套政策，构建约束和激励并举的绿色交通运输制度体系，努力建设政府企业公众共治的绿色交通行动体系。积极参与全球环境治理，加强交通运输应对气候变化等领域的国际合作与交流。

（二）绿色交通运输发展途径

1. 交通运输节能减排与低碳发展

通过降低能源消耗和碳排放强度、应用新能源装备设施、构建绿色出行体系可实现交通运输的节能减排与低碳发展，其中调整交通运输结构、提升装备能效水平、优化能源消费结构、创新节能降碳制度、应用节能降碳技术等是重要发展内容。交通运输基础设施方面推行设施用能向多元化发展，增加城市公交、巡游出租车和城市物流配送中新能源汽车的数量，提高铁路电气化率，在水运行业应用液化天然气，飞机使用辅助动力装置替代设施，而高速公路服务区安装充换电设施，港口建设车用加气站和岸电泊位，让船舶靠港使用岸电。同时，政府、企业、社会组织等发挥多元主体作用，提高公众对绿色出行方式的认知度和接受度，形成绿色发展方式和生活方式。例如，构建以轨道交通为骨干、地面公交为主体，社区公交、定制公交、慢行交通为补充的绿色出行体系，并加强非机动车道、步行道的建设及慢行系统的环境治理，构建安全、连续和舒适的慢行交通体系和绿色出行环境。借助交通运输节能减排试点示范和低碳交通运输专项行动，形成绿色交通运输发展的管理理念和模式。

2. 交通运输资源节约集约与循环利用

通过节约集约利用通道、土地、岸线等资源，资源化利用废旧材料以及降低交通运输基础设施全生命周期成本，实现交通运输资源的节约集约与循环利用。道路、轨道、水运、航空、邮政等交通运输各领域融合发展，保护交通运输基础设施沿线土地资源，提高土地使用效率和土地节约集约利用水平。循环利用废旧路面、沥青、水泥等材料，资源化利用废旧轮胎、矿渣等材料，无害化处理利用建筑垃圾等。同时注重交通运输基础设施建设过程安全性和耐久性，推动建造的标准化、智能化和工业化，通过全生命周期养护和常态化预防性养护等措施，提高交通运输基础设施使用寿命，降低全生命周期成本。

3. 交通运输生态环境保护与修复

建设绿色基础设施，应用生态保护技术，实现交通运输生态环境的保护与修复，提高生态恢复水平。绿色设计、绿色施工和绿色运维是建设绿色基础设施的重要内容，实现绿色公路、绿色港口、绿色航道、绿色铁路及绿色民航，加强基础设施建设过程中的生态保护。交通运输基础设施建设实行"避让—保护—修复"的模式，选用合理的工程结构、建筑材料和施工工艺，以完善生态保护工程，降低交通建设造成的生态影响。其中，道路和轨道交通运输建设工程须注重动物通道建设，实现与自然的和谐统一。通过实施生态修复试点工程，对重点生态功能区的道路、轨道交通运输进行生态恢复，港口码头建设和航道整治过程中可实施滩涂湿地恢复、生态护岸等生态恢复措施，加强对道路、轨道、航道沿线原生自然风貌的保护与利用。

4. 交通运输污染综合防治

大气污染、水污染及噪声污染是交通运输污染防治的重点。大气污染防治需要通过提高船舶装载燃油硫含量的控制要求及船舶尾气监管效率，加强机动车污染排放源管控，实施机动车排放监测与维护制度等措施。水污染防治需要严格执行船舶水污染物排放标准，建立完善船舶水污染物转移、处置联合监管制度，开展船舶和港口污染突出问题专项整治和港区污水综合治理，并优化轨道交通运输客运站、道路交通运输枢纽、民航机场等污水处理和循环利用。噪声污染防治需要加强道路、轨道、航空等交通运输建设与运营中的噪声监测与控制，应用各类声屏障、低噪声路面、低噪声车辆等技术，有效控制交通噪声的产生和传播。

（三）绿色交通运输发展对策

1. 优化交通运输结构

运输结构优化主要包括统筹交通基础设施布局、优化旅客运输结构及改善货物运输结构。在交通运输基础设施布局方面，须扩大铁路网覆盖面，加快完善公路网，推进内河高等级航道建设，统筹布局综合交通枢纽，完善港口、机场等重要枢纽集疏运体系。在旅客运输方面，侧重推进铁路、公路、水运、民航等客运系统的有机衔接和差异化发展，加快构建以高速铁路和城际铁路为主体的大容量快速客运系统，并形成与铁路、民航、水运相衔接的道路客运集疏网络。在货物运输方面，按照"宜水则水、宜陆则陆、宜空则空"的原则调整优化货运结构，促进不同交通运输方式各展其长、良性竞争、整体更优。针对性地提升铁路全程物流服务水平，发展内河航运，以此发挥铁路在大宗物资中远距离运输中的骨干作用，以及水运占地少、能耗低、运能大等比较优势，有助于减少重载柴油货车在大宗散货长距离运输中的比重。

2. 创新交通运输组织

运输组织创新主要包括推广高效运输组织方式、提高物流信息化水平及发展高效的城市配送模式。在运输组织方式方面，发挥铁路、水路中长距离运输中的骨干作用，发展多式联运、江海直达、滚装运输、甩挂运输、驮背运输等先进的运输组织方式，依托铁路物流基地、公路港、沿海和内河港口等建设多式联运型和干支衔接型货运枢纽（物流园区）。将集装箱铁水联运扩大到内河主要港口，以推进铁水联运工程建设。在农村推广"多站合一"物流节点建设和"货运班线"服务方式，提高农村货运效率。在物流信息化方面，建设国家级交通运输物流公共信息平台，以实现跨领域、跨运输方式、跨区域、跨国界物流信息的互联互通。在城市配送模式方面，建设城市货运和物流配送体系，如在城市周边布设

第六章 交通运输新业态

公共货运场站或快件分拨中心，在城市主要商业区、校园、社区等末端完善配送节点设施，发展统一配送、集中配送、共同配送等集约化组织方式，以提高城市物流配送效率。

3. 提升绿色出行

私人机动化的快速发展使得交通运输在能源消耗及环境污染中占比增加，交通运输领域节能减排压力与日俱增。开展绿色出行行动、实施公交优先战略，以及加强绿色出行宣传和科普教育活动是提升绿色出行的有效举措。具体可包括：引导居民减少小汽车使用，向绿色出行方式转变，提升公交、地铁等绿色低碳出行方式的比重。建设自行车专用道和行人步道等城市慢行交通建设，改善自行车和步行出行条件。发展网约车和共享单车等共享交通，在满足居民个性化出行需求的同时实现交通运输节能减排。通过城市轨道交通、公交专用道、快速公交系统等公共交通运输基础设施的建设和智能化手段在城市公共交通管理中的应用，完善公共交通管理体制机制。城市公交线路向郊区延伸，城际、城市、城乡、农村的客运网络有序对接，扩大公共交通覆盖面。全国开展绿色交通运输宣教行动，向公众宣传绿色出行理念、目标和任务，以增强公众绿色出行的意识。

4. 升级交通运输装备

交通运输装备的升级包括交通运输装备的专业化和标准化、新能源和清洁能源车船的应用。内河船型标准化、货运车辆标准化及敞顶集装箱和厢式半挂车的标准化等是实现交通运输装备标准化的重要内容。在港口和机场服务、城市公交、出租汽车、城市物流配送、汽车租赁、邮政快递等领域优先使用新能源汽车，推广应用天然气等清洁燃料车船，在高速公路服务区、交通枢纽建设充电加气设施，完善充电加气配套设施体系，内河高等级航道也须规划建设加气设施，推动新能源和清洁能源车船的应用。例如在京津冀、长三角、珠三角、成渝等区域公路网率先完善充电加气配套设施的规划与建设，在内河高等级航道规划建设加气设施，在长江干线、京杭运河及西江干线建设液化天然气加注码头。

5. 防治交通运输污染

船舶和港口污染防治及营运货车污染排放的源头管控是交通运输污染防治的两个主要方面。实施排放要求更严、控制污染物种类更全、空间范围更大的船舶排放控制区政策，其中排放控制区包括沿海控制区与内河控制区，在控制区内船舶须严格按照控制要求，例如海船进入排放控制区应使用硫含量较低的船用燃油，内河船舶进入排放控制区应使用符合国家标准的柴油等。在码头、水上服务区待闸锚地等建设岸电设施，便于船舶靠港使用岸电，并为船舶加装尾气污染治理装备，减少污染物排放。以高效、节能、环保的车辆装备替代老旧、高耗能、高排放的营运车辆，并采用技术手段监测营运车辆的燃料消耗，推广生态驾驶、节能操作、绿色驾培，从源头对营运车辆的污染排放进行监督管理。

6. 保护交通运输基础设施生态

强化交通运输基础设施规划、设计、建设、运营和养护全过程中的生态保护理念，基础设施生态保护包括建设绿色交通运输基础设施、实施交通运输廊道绿化行动及开展交通运输基础设施的生态修复。在绿色道路、绿色轨道、绿色航道、绿色港口、绿色机场等绿色交通运输基础设施的建设过程中，尽量降低交通建设造成的生态影响。在道路、轨道、航道沿江沿线开展绿化美化行动，提升交通运输基础设施的生态功能和景观品质，以构建生态廊道。例如在道路边坡种植绿植进行防护，提高沿线绿化水平。针对重点生态功能区，开展生态恢复工程建设，以提升交通运输基础设施及周边环境的生态恢复能力。例如改善自然保护区、风景名胜区等区域周边沿线的生态水平，在长江经济带内河高等级航道、西江干线航道实施生态护岸、人工鱼巢等航道生态恢复措施。

（四）绿色交通运输保障措施

1. 完善体制机制保障

绿色交通运输发展的保障机制可通过以交通运输部门为主导、以交通运输企业为主体、全行业共同参与的形式建立。交通运输主管部门充分发挥主导作用，运用战略规划、政策激励、法律法规、标准规范、市场准入、监督管理、信息服务、宣传教育等手段，发挥市场配置资源的决定性作用，充分调动企业作为节能减排主体的积极性。重点企业应充分发挥节能减排的示范效应，积极开展交通运输业节能减排示范活动。重点用能企业制订并实施节能计划，建立严格的节能管理制度和有效的激励机制，完善节能管理体系，改进用能管理，开展节能技术创新与应用。

2. 培养人才科研能力

以企业为主体，政府及科研机构等共同搭建交通运输节能减排的科技创新体系。其中，交通运输企业充分发挥节能减排的主体作用，调动积极性，实现交通运输业节能技术和装备的升级换代。交通运输主管部门为节能减排的关键技术提供资金支持，优先支持拥有自主知识产权的交通运输节能减排关键技术示范，发挥其引导作用。科研单位则利用技术优势，加大科研投入，加强节能新技术、新产品、新工艺和新材料的研发，发挥技术在低碳发展中的核心作用。注重符合绿色交通运输业特点的专业人才培养，建立与国际接轨的人才培养及专业宣传教育网络和机构，重点培养具有绿色交通运输意识的中青年人才。

3. 强化数据统计支撑

各级交通运输部门应加强统计业务能力、改革统计方法、建立能源统计信息系统、组织实施交通运输业能源统计与分析制度、完善道路交通运输节能统计指标体系，进而强化各项指标的统计调查、分析、预测和发布工作。以碳排放管理为例，交通运输业需要在碳排放统计制度的基础上进行碳排放核查方法体系的建立与完善、碳排放检测相关技术的探索。

4. 发展资金保障对策

通过建立节能减排的财政税收政策机制，促进新能源设备发展的税收政策，以合理减免购置税或直接补贴等方法加强新能源设备的推广。推进交通运输碳交易制度机制和交通气候领域的政府与社会资本合作（PPP）模式，探索绿色信贷、绿色基金等新型融资模式，积极争取设立交通低碳发展专项资金。完善节能减排工作的奖惩和激励政策及节能减排激励惩罚机制，实现节能、减排者受益，高耗能、高排放者受罚的激励机制，同步对部分污染严重、油耗未达标的汽车，进行取缔、罚款或采取一定的交通限制等措施。

5. 建立交流合作机制

积极参加气候变化、交通运输绿色低碳发展等国际交流项目，加强对未来气候变化趋势和影响因素的基础性研究，吸收、消化并创新绿色交通运输发展中的关键技术。增加行业节能减排培训与宣传工作，利用广播、电视、报纸等多种形式，多样性地开展交通运输行业节能减排宣传教育活动，充分发挥舆论引导和监督作用，营造全社会关注、支持、参与、监督道路交通运输节能减排工作的良好氛围，增强全民参与的积极性和主动性。

三、绿色交通运输技术

（一）绿色道路运输技术

1. 清洁能源与新能源汽车应用技术

清洁能源和新能源汽车应用技术主要包括天然气汽车、电动汽车、混合动力汽车、燃料电池汽车等的应用研究和开发。天然气汽车主要包括压缩天然气车辆和液化天然气车辆，天然气汽车相比传统柴油车辆的二氧化碳排放更低。纯电动汽车是指以车载电源为动力、用电机驱动车轮行驶、符合道路交通运输安全法规各项要求的车辆。相比传统柴油客车，纯电动汽车在运行中可以做到"零污染、零排放"。混合动力汽车主要使用传统燃料，同时借助电力驱动技术来加快汽车的行驶速度，因此混合动力汽车的耗油量比普通汽车耗油量少，从而减少了汽车运行过程中的能源消耗。燃料电池汽车是一种用车载燃料电池装置产生的电力作为动力的汽车，车载燃料电池装置所使用的燃料为高纯度氢气或含氢燃料经重整所得到的高含氢重整气，氢燃料电池汽车具有零排放、续驶里程长、燃料加注快的特点。

2. 货运组织模式优化技术

多式联运是以联运经营者为委托人，实现两种或两种以上交通运输方式的全程运输，以及提供相关运输物流辅助服务的活动。采用性能优异的大型节能车开展甩挂运输等高效运输组织方式，优化运输模式，实现货运车辆实载率和运行效率提高。公共物流平台信息系统应用技术通过对物流过程各环节的实时跟踪，不仅能够实现有效的资源配置，而且能够推动公路货运行业的集约高效发展，达到节能减排的效果。

（二）绿色轨道运输技术

1. 列车再生制动技术

列车再生制动技术是指列车进行制动时，列车上的动能会转换为供给列车的电能，其中，部分电能会被吸引到储能装置中，部分电能会被集中反馈至牵引电网中，实现电能的二次利用。再生制动技术通常适用于到发数量较多的运行模式，例如行程较长的城际轨道交通，其总能耗可以下降，具有很大的节能潜力。

2. 列车运行阻力降低技术

降低列车运行阻力主要考虑的是减少空气阻力和轮轨摩擦力。通过改变车辆的形状，对车辆表面进行处理来减小空气阻力。比如对轨道交通运输车辆的车头进行流线型设计，遮盖转向架和车轮，包裹整个车底等；还可以对车体的外表面进行处理，使得外表面变得更加光滑。车辆之间采用折棚连接，可以有效减小列车侧面与列车顶部的空气阻力。通过减轻自身质量、对列车车体添加润滑剂或润滑油等方式则可以减小轮轨摩擦力。

3. 轨道交通场站节能减排技术

轨道交通场站节能减排技术主要包括车站能源管控技术（如采用智能照明系统）、铁路大型客站中央空调节能运行智能控制系统、寒旱地区铁路站房绿色热源及采暖节能技术、场站绿色照明技术、新能源和可再生能源利用技术等。

（三）绿色水路运输技术

1. 船舶新能源技术

航运新能源技术主要有机械改进、尾气后处理和使用可替代燃料。机械改进主要是通过改进废气再循环、小燃烧室设计和先进的燃油喷射系统等技术来提升船舶的能源效率，达到降低油耗和有害气体排放的目的。尾气后处理主要是采用洗涤剂和选择性催化还原技术对船舶尾气排放进行处理，降低尾气中有害气体的含量。可替代燃料主要是指低硫油、液化天然气、液化石油气、甲醇和氢能等绿色低排放燃料，用以代替船用重油、柴油等化石燃料，实现船舶运输的节能减排。

2. 船舶燃料电池应用技术

传统的船舶动力装置以柴油机、汽轮机和燃气轮机为主、辅动力装置，利用柴油机为船舶辅助动力装置及助航设备供电。与传统的内燃机相比，燃料电池具有效率高的优势，既能够为船舶提供推进动力，又可以为船舶分布式电源提供电力。对于近海、内河作业的船舶，由于其经常处在低速运行和机动航行状态，产生的污染物会对沿海和港口城市造成严重的环境与噪声污染，燃料电池应用到近海和内河作业船舶上，能在减少沿海和内河港口有害气体的同时，降低对城市的噪声污染。

3. 船舶能效管理系统应用技术

在船舶上实施能效管理的具体操作方案，即船舶的营运管理、航次优化计划、相关方的及时沟通、螺旋桨和船体检查、机械设备优化计划、货油操作优化、节能意识增强和新技术应用等。采用船舶能效管理系统应用技术，也可减少二氧化碳的排放。

（四）绿色航空运输技术

1. 飞机辅助动力装置替代技术

通过使用机场地面电源和空调设备，包括 400 赫兹静变电源设备（电源机组）和地面空调设备（空调机组）来替代飞机辅助动力装置，实现利用电能替代传统化石能源，从而减少燃油消耗和污染排放，降低行业整体运行成本。与飞机使用燃油相比，地面电源车的油耗相对较低，可节约成本，而使用廊桥电源则通过廊桥连接飞机提供能源，廊桥电源直接使用市电为飞机供电，相比地面电源车进一步节约成本。

2. 可持续航空生物燃料应用技术

生物燃料对既有航空系统的适应性较好，不会对燃料管道的橡胶密封部件造成腐蚀，现有的飞机和地面系统均无须大改。生物燃料可从地沟油、废弃物、海藻、秸秆、玉米秆、甘蔗秆等物质中提取，具有可持续性。由于生物质航空燃料的原料在进行光合作用的过程中，需要吸收空气中大量的二氧化碳，因此，可以实现低排放乃至零排放。生物燃料是未来降低航空排放水平、化石能源枯竭后寻找替代能源的直接有效的手段。

3. 飞机减重降阻技术

通过选装轻质座椅、餐厨用车（包括餐车、饮料车、垃圾车等）、航空运输集装器、碳刹车系统，机身表面采用新型涂层，采用更多的复合材料等，实现在相同载运重量下，降低飞机对升力的需求或减少飞行阻力，降低飞行油耗；或在相同飞行油耗下，增加业务载重量，降低单位运输周转量的油耗，每架飞机燃油消耗减少，相应地减少了碳排放。

（五）绿色管道运输技术

1. 管道减阻内涂层技术

长输管道为天然气的主要输送方式，而降低管道输送阻力、提高管道输送效率则是建设与运行需要重点解决的关键问题。国内输油气管道早已采用以防腐为目的的内涂层技术，而减阻内涂层在涂层材料性能及涂敷设备等方面均具有更高的要求。减阻内涂层的直接经济效益表现在：在管道内壁涂敷减阻内涂层后，管壁粗糙度减小，管道输送阻力降低，管当量提高。此外，内涂层还能减少管壁积垢，减少清管次数，降低清管费用；减轻管道腐蚀，延长管道使用寿命，使管道能够长期安全运行。

2. 长输管道输油工艺节能技术

应用长输管道输油工艺节能技术，不但有利于降低长输管道输油过程中的能源消耗、促使管道输油企业生产成本降低、推动管道输油企业的可持续发展，而且有利于加大对节能技术的研究和创新。管道运输过程中，耗能最大的两个设备是输油泵和加热炉。输油泵变频调速技术被应用于新、旧管线中，以此来达到良好的节能效果。加热炉可分为直接式加热炉和间接式加热炉，我国主要是通过优化间接式加热炉来提高加热炉的运用效率，如引入先进的燃烧器、余热回收等设备和技术。

第三节　智慧交通运输

一、智慧交通运输概述

（一）智慧交通运输内涵

智慧交通运输是以国家智能化交通系统体系框架为指导，在交通领域中充分使用大数据、互联网、人工智能、区块链、超级计算等新技术，综合运用信息论、控制论、系统论、运筹学、交通运输组织理论和交通系统分析理论等理论与工具，使数据资源赋能交通发展，加速交通基础设施网、运输服务网、能源网与信息网络融合发展，提升既有交通基础设施质量、设施利用效率和服务水平，加强载运工具、交通运输基础设施、交通参与者三者之间的有机联系，提高系统感知、计算、分析、决策、管控和服务的能力，更加有效地利用现有交通运输基础设施，减少交通负荷和环境污染，保证交通运输安全，提高运输效率。

（二）智慧交通运输特征

智慧交通运输涉及众多的领域和部门，管理体制、信息沟通能力、考虑问题角度等均会对智慧交通运输的建设和运行产生较大的影响，需要不同学科背景的专家参与和协调，政府、企业、研究单位也要承担相应的责任。智慧交通运输的特征主要可以总结为先进性、综合性、信息化和智慧化。

1. 先进性

智慧交通运输的先进性不仅包括技术先进性，还包括思想理念先进性和管理先进性。其先进理念包括以人为本和可持续发展理念，在现有基础设施之上，将先进的通信技术、信息技术、控制技术有机结合起来，用于整个交通运输以实现其目的和功能。

2. 综合性

智慧交通运输的关键理论和技术包括系统理论、控制理论、人工智能、信息技术、通信技术、计算机技术、电子技术、交通工程等。综合性表现在通过将这些理论和技术交叉与综合，实现从单个方向的智慧化应用系统到更高层次的合作系统演变。

3. 信息化

智慧交通运输通过各种手段来获取交通运输系统的状态信息，并为用户和管理者提供经过分析处理的、有针对性的有效信息和决策结果。这一切的基础都源于交通信息的采集。

信息化不是单纯将信息化手段应用于交通运输中，而是以信息智能收集、智能处理、智能发布、智能交换、智能分析和智能利用为主线，为交通参与者提供多样性的服务。

4. 智慧化

智慧交通运输具有实时特征辨别、特征记忆、总体自寻优化的功能，在整个运输过程中，计算机系统实时获取客货和环境的信息，进行实时处理并给出运输决策，通过不断优化参数和寻找运输系统的最佳结构形式，以获取整体最优运输效益。

（三）智慧交通运输目标

我国智慧交通运输发展建设总体目标：以交通大数据综合平台为基础，以系统科学思想、交通工程原理和交通运输发展规律作为指导，以缓解交通拥堵、提升交通安全水平、提高交通运输效率和交通服务质量为目标，显著提高交通运输分析、决策、组织、管理、运营的智能化水平，建设信息感知共享、动态科学决策、实时精准服务、精细智能管理、高效便捷运输、主动安全防控和智能网联协同的新一代智慧交通运输系统。

为实现智慧交通运输领先世界的总体目标，我国制定了分阶段目标，即2030年目标和2050年目标。2030年确立符合国情的智慧交通运输框架体系和标准体系，搭建交通信息大数据共享及交通云平台，全面推进大数据在智慧交通运输中的深化应用，建立便捷高效一站式"门到门"智慧客运服务及一单式全链条货运服务，实施车路协同和自动驾驶在特定场景下的示范应用，探索通过智能安全大通道建设提高交通安全水平，显著提升智慧公路、智慧港口、智慧航运、智慧民航水平。在智能高铁控制系统及智能列车、数据创新驱动城市交通精细化智能化管理、大数据情报分析深度研判应用、基于互联网的综合交通服务方面居于世界领先地位。2050年实现高度智慧化的客运一站式、货运一单式全链条服务，自动驾驶在典型场景下实现规模化应用，智慧交通运输产业产生革命性变革。应用智慧交通运输新技术促进"交通+"发展成为常态，智慧化引领交通运输全面支撑我国安全、便捷、高效、绿色、经济的现代化交通运输系统。

通过交通运输信息能力的大幅提高，交通运输治理能力和依法行政水平显著提升，交通运输服务能力全面提升，交通运输信息化持续发展能力明显改善，基本实现发展决策数据化、行业管理一体化、运输服务智能化、出行服务多样化。具体体现如下。

1. 发展决策数据化

提高数据采集能力，加大应用范围和力度，实现交通运输决策基于大量鲜活、真实的数据，满足新阶段管理方式的需要。

2. 行业管理一体化

开展交通运输管理业务的顶层设计，实现交通行业行政许可、应急处置、市场信用、行政执法等行业管理的一体化、智能化，形成交通运输协同管理新格局，满足交通运输区域一体化发展要求。

3. 运输服务智能化

实现城市公交、长途客运、货物配送、远洋运输等运输调度和港口装卸、枢纽换装等生产调度的自动化。实现交通运输票据的电子化、规范化，实现多种方式联程联运，满足综合运输发展要求。

4. 出行服务多样化

公众可以通过手机、广播、电话、交通卡等多种方式随时随地获得出行前中后的集成连续的信息服务、售票服务、联程服务、交通电子支付服务等，交通出行信息服务多样化，满足人们交通出行新期待。

二、智慧交通运输体系架构

（一）智慧交通运输功能

智慧交通运输是运用信息技术、电子技术、传感器技术、系统工程技术等，加强载运工具、交通运输基础设施、交通参与者三者之间的联系，从而使运输更加安全、准确、高效，其功能主要包括如下方面。

1. 交通要素泛在互联

道路、桥梁、附属设施等交通运输基础设施，车辆、船舶等载运工具，以及人和货物在内的所有交通要素，在新的传感、自组网、自动控制技术环境下，能够实现彼此间的信息互联互通和自动控制，交通基础设施、运输装备将具备多维感知、智慧决策、远程控制、自动导航等功能，实现主动预测、自动处置。

2. 虚拟与现实相结合

智慧交通运输将由用户在网络上提出客货运输需求，运输系统在接收网上运输需求以后，利用大数据、云计算、人工智能等技术手段在网络上解析运输需求，提出运输策略，制订运输计划，然后再交由线下的交通运输设备设施去完成实际的运输生产。

3. 一体化综合运输

智慧交通运输作为用户整体的运输服务提供商，用户无须了解交通运输系统内部的构造与运作方式，只须提供从 A 到 B 的运输需求，系统自然会提供一整套的解决方案，包括票务的"一票制"，运输组织的多式联运、无缝衔接、连续性和全程性。

4. 应需而变与以人为本

在全面感知、实时通信、海量数据分析能力不断提升的前提下，用户与系统平台交互更加频繁密切，使交通运输系统更加具有类人的智慧，可以根据实际情况的变化，应需而变，为各类用户提供个性化、多样化、以人为本的运输服务。

5. 生产组织管理高效

智慧交通运输包含智慧交通运输基础设施、智慧交通载运工具和智慧运输组织服务等。生产组织和管理者对各种运输要素的掌握更加详细、及时、准确，对各种风险能够更加有效地控制和应对，使得运输生产的策略更加科学，运输生产组织和管理可靠性更高、效能更高。

（二）智慧交通运输体系

智慧交通运输体系主要由用户服务、逻辑框架、物理框架和效益分析评价这几部分组成。

1. 用户服务

用户服务是从用户角度来描述智慧交通运输的功能，对用户的要求进一步细化。用户主体是服务面对的主要用户，也是在某服务领域制定需求的承受主体；服务主体是指服务的提供商，它与用户主体是服务与被服务的关系。

2. 逻辑框架

逻辑框架用于定义和确定为满足用户需求所必须具有的一系列功能，定义了系统的功能及系统之间的数据流。通常是一系列功能领域的方式描述，每个功能领域都定义了功能及数据库，这些数据库通过数据流与终端相联系。终端可以获取数据，系统也可以通过终端采集数据。一个终端定义了系统期望外部世界所做的事情，描述了系统期望终端提供的数据和由系统提供给终端的数据。

3. 物理框架

物理框架是将逻辑框架中的功能实体化、模型化，然后把功能结构相近的实体（物理模型）归结成直观的系统和子系统。逻辑框架中所确定的功能单元及数据流会被归类、划分到不同的子系统中。物理框架则描述了智慧交通运输体系中定义的功能如何被集成形成系统，这些系统将由硬件或软硬件来承载。除了对子系统进行划分和定义外，物理框架还须对服务端加以明确。所谓服务端是指存在于系统之外，但与系统有信息交互关系的实体。

4. 效益分析评价

智慧交通运输将对经济、社会产生较大的影响，项目实施进行效益分析评价，通过对项目的经济合理性、技术可行性、经济效益、社会环境与项目风险做出评价，为智慧交通运输项目的可行性研究、方案比选、实施效果分析与未来的项目投资提供科学依据。

（三）智慧交通运输架构

智慧交通运输架构是将智慧交通运输体系中的功能实体化、模型化，智慧交通运输需要采集或汇集不同部门和系统的信息，并通过一定的技术架构实现信息共享和交换及系统集成，以面向不同的用户需求提供应用服务。虽然不同模式交通运输的需求和应用技术存在一定的差异，但是在系统架构上存在一定的共性。智慧交通运输架构描述了智慧交通运输体系中定义的功能如何被集成形成系统。这些系统将由硬件或软硬件来承载，一般可以分为感知层、传输层、平台层和应用层。

1. 感知层

感知层主要通过线圈、视频、雷达、微波等交通信息采集设备及卫星和通信网络等数据提供设备捕捉复杂的、动态变化的物理环境，实时精准感知物理空间中各元素的状态，并以唯一身份为标志对其进行识别和跟踪，对物理世界实体的状态进行初步数字描述。

2. 传输层

传输层贯穿整个系统，通过卫星（包括北斗卫星的短报文技术）、蜂窝网络、周边辅助网络、网络服务器等通信技术构建高效稳定的数据传输网络，满足交通场景中信息传输时空跨度大、实体类型多、实时性强的需求，为平台层和应用层提供有效支撑。

3. 平台层

平台层通过构建数据仓库储存多源数据，并对获得的信息进行汇总及无效甄别分流，从结构、粒度、模态、广度、类型等多个维度对交通场景的强时空关联数据处理分析，在信息域内实现对物理环境场景的数字化映射及初步预测判断；并能通过用户接入实现监控、权限管理、联合管控等功能，通过数据管理分析实现日常的监控运维功能，为多种交通运输方式的应用提供支持。

4. 应用层

应用层是智慧交通运输系统的核心功能，根据实时从信息传输层接收到的需求、管控指令等动态信息和从终端采集设备获取的数据，在平台层的支持下实现道路、轨道、水路、航空、管道等五大类系统的信息服务、智能决策和协同管控等应用功能。

（四）智慧交通运输基础理论

1. 动态交通分配理论

动态交通分配理论是将时变的交通流量合理分配到不同运输线路上，以降低个人出行费用或系统总运输费用。它是在交通供给状况及交通运输需求状况均为已知的条件下，分析其最优的交通流量分布模式，从而为交通运输系统控制和管理等提供依据。通过交通流管理和动态路径诱导在空间与时间尺度上对已产生交通运输需求的合理配置，使得交通运输网络优质高效运行。交通供给状况包括交通运输网络拓扑结构和运输线路特性等，交通运输需求状况则是指不同时间产生的交通运输需求及其分布。

2. 协同理论

协同理论是研究复杂系统中各个子系统是如何通过协作和自组织而形成宏观尺度上的空间结构、时间结构或功能结构。其基本观点是众参量在竞争中产生序参量，并引导和控制整个系统的发展方向。序参量之间、序参量和其他参量之间，通过合作和联合形成系统宏观有序状态。协同理论不仅从实质上可以解析系统从无序到有序的转化过程中的普遍原理，还能够结合具体对象给出特殊规律，具有一定的普适性。交通运输系统作为相对独立的组织系统，也正处于变化阶段，符合协同理论的研究条件。

3. 实时动态交通信息预测理论

实时动态交通信息预测理论是通过实时采集和发送交通信息，适时引导交通流量合理分布，从而达到高效利用交通运输网络的一种主动交通控制方式。交通诱导系统的正常工作依赖其交通信息的准确性和及时性。载运工具诱导信息应包括运输线路状态信息、气象信息、交通运输状态信息。交通运输状态信息包括交通流量、运输时间等交通运输特性。交通信息预测对交通运输系统功能有效发挥具有重要影响，是实现交通运输系统预测决策的前提。

三、智慧交通运输关键技术

（一）感知技术

感知技术主要通过线圈、视频、雷达、微波等交通信息采集设备捕捉复杂的、动态变化的物理环境，常用的信息采集技术包括地磁线圈信息采集技术、微波雷达信息采集技术、红外线信息采集技术、超声波信息采集技术、视频图像信息采集技术、浮动车信息采集技术、无人机信息采集技术和众包信息采集技术。

1. 地磁线圈信息采集技术

地磁线圈是目前检测道路车流量较为广泛的一种检测器，采用具有高导磁特性的软磁性材料制作。地磁线圈信息采集基于电磁感应原理和检测器周围磁场变化的规则，其传感器是一个埋在路面下且具有一定工作电流的环形线圈。当带有铁质材料的车辆靠近传感器时，传感器感应到周围磁场相对地球磁场变化，再经微处理分析计算，判断车辆的存在和通过状态。

2. 微波雷达信息采集技术

微波雷达检测器通过发射不同雷达波的波形来获取交通参数，移动的目标反射由微波雷达检测器发射的调频微波，反射波的频率由于多普勒效应会发生偏移，根据这种频率的偏移可以检测目标的信息。

3. 红外线信息采集技术

红外线检测技术包括主动式红外线检测和被动式红外线检测。①主动式红外线通过发射一定能量的红外线，经检测目标后反射回检测器，检测器通过对反射回红外线的能量分析，获取目标速度、长度、流量等交通数据。②被动式红外检测技术利用检测目标本身辐射能量和传感器接收能量，获取交通量等数据。

4. 超声波信息采集技术

超声波信息采集技术的基本原理是利用其反射特性，超声波发生器发射一定频率的超声波在遇到障碍物后产生反射波，超声波接收器接收到反射信号，并将其转换成电信号，测量发射波与回波之间的时间间隔 t，并根据公式 $s = t \times v/2$ 计算距离（v 为超声波传播速度），再根据距离变化量和两次测量时间间隔之比计算目标运动速度。

5. 视频图像信息采集技术

视频图像信息采集技术涉及计算机视觉、视频图像处理、信号处理、模式识别及模式融合等多个领域，通过闭路电视和数字化分析技术分析交通数据。其基本原理是在很短的时间间隔内由半个半导体电荷耦合器件摄像机连续拍摄两幅图像，而这种图像本身就是数字图像，通过对两幅图像的全部或部分区域进行比较，若差异超过一定阈值则说明检测到目标。

6. 浮动车信息采集技术

通过在车辆上安装辅助仪器或其他远程传感设备以完成交通信息的采集，车辆实时速度数据通过特定算法处理和压缩，并和车辆位置信息、行驶道路信息打包，利用车载无线发射装置发送到监控中心，监控中心通过处理这些数据获得道路交通信息。

7. 无人机信息采集技术

无人机通过搭载视频录制设备，利用集成全球定位系统（GPS）、无线通信系统和高分辨率摄像系统对目标进行摄像与摄影，进而通过获取的图像和视频数据提取所需要的信息。借助先进的无人机飞行控制系统和无线通信系统，可以实现无人机与交通控制中心的实时数据传输，并从多高度、多角度、多方位对检测目标进行实时监控和信息采集。

8. 众包信息采集技术

用户众包指企业利用互联网将工作分配出去以发现创意或解决技术问题，交通信息用户众包是由出行者通过移动终端反馈交通信息，是交通信息采集的一种重要手段，用户启动智能终端设备上安装的特定应用，并授权获取位置的权限，应用运营后台获取用户实时位置信息。

（二）通信技术

通信技术是智慧交通运输系统的重要支撑，实现信息在不同交通运输系统之间的传输，充分利用不同信道的传输能力，使信息得以可靠传输的技术，主要包括光纤通信技术、卫星通信技术、移动通信技术、专用短程通信技术、车用无线通信技术。

1. 光纤通信技术

光纤通信技术是以光波为载频，以光纤为传输媒质的新型通信方式。其采用的载波位于电磁波谱的近红外区，频率为 $10^{14} \sim 10^{15}$ 赫兹，因而通信容量极大。电机端通过对电信号进行处理，将信号送给发射机，光发射机将电信号转变成光信号，并将光信号耦合进入光纤中，光信号经光纤传输到接收端，由光接收机接到的光信号恢复成原来的电信号，再经电端机的处理将信号发送给用户。

2. 卫星通信技术

卫星通信是指利用人造卫星作为中转站来转发或反射无线电波，在两个或多个地球站之间进行的通信。由发端地球站对传输电波进行发射，通过上行传输路径将信号传送到通信卫星，再由通信卫星转发器将信号通过下行传输路径将光波传送到收端地球站，并实时监控管理卫星转发器的功率、卫星天线增益及地球站发射的功率、射频频率和宽带等基本参数，保证正常通信。

3. 移动通信技术

移动通信指移动体与固定地点，或者移动体之间通过有线和无线通信进行的通信。基地站具有一个有发信功率与天线高度所确定的地理覆盖范围，通过布设多个基地站组成全系统的服务区，采用无线传输的方式实现移动台与基地站、移动台与移动台之间的通信，而基地站与地面网络之间则一般采用有线的方式进行信息传输。

第六章 运输新业态

4. 专用短程通信技术

专用短程通信技术采用无线通信技术，由车载单元、路旁单元、转筒短程通信协议及后台计算机网络实现路、车之间的信息传输和交互。路旁单元主要包括车道天线和天线控制器，通过信号发射和接收识别车辆单元电子标签中存储的车辆有关信息，对车辆进行身份鉴别、实时监控、动态引导，实现在特定的区域内对高速移动的车载单元识别和双向通信。

5. 车用无线通信技术

车用无线（V2X）通信技术是将车辆与一切事物相连接的新一代信息通信技术，其中 V 代表车辆，X 代表任何与车辆交互信息的对象，当前 X 主要包含车、人、交通路侧基础设施和网络。V2X 概述交互的信息模式包括：车与车之间、车与路之间、车与路侧基础设施之间、车与人之间的交互。

（三）计算技术

计算技术是从大量、杂乱无章、难以理解的交通相关数据中抽取并推导出对于智慧交通运输系统或用户具有价值、有意义的数据并将其存储。它主要包括交通相关数据的清洗技术、存储技术和挖掘技术等。

1. 数据清洗技术

数据清洗技术是将检测数据中存在的错误和不一致，剔除或改正它们，以提高数据的质量。通过全人工、全机器、人机同步结合和人机异步结合四种清洗方式，对重复数据、关联错误数据、字典数据进行清洗，实现对数据质量的有效控制，也为系统制定决策、方案实施及进一步的数据挖掘提供数据质量的保证。数据清洗技术根据不同的任务要求和环境特点，其执行的过程也不同，数据清洗的一般过程可以分为分析数据特点、制定清洗规则、执行清洗规则和检验清洗效果。

2. 数据融合技术

数据融合技术对不同传感器采集的交通数据，综合应用图像处理、语音处理、数字信号处理等技术进行分析处理。将不同传感器获取的数据按照一定的原则进行组合，利用互补信息，去掉冗余信息，获得与交通状况的一致性判断。对融合后的数据还须应用数据挖掘、知识发现等技术，实现信息的深度挖掘、更大范围的集成和更有效的应用。

3. 数据存储技术

数据格式是数据保存在文件或记录中的编排格式，可以是数值、字符或二进制等形式，由数据类型及数值长度描述，数据格式应满足以下条件：保证记录所需要的全部信息；提高存储效率，保证存储空间的充分利用；格式标准化，保证有关数据处理系统之间数据的交换。数据的储存方法一般包括顺序储存方法、连接存储方法、索引存储方法和散列存储方法。目前，对于交通大数据一般采用分布式存储的方式存储数据，并采用冗余存储的方式进一步保证数据的可靠性。

4. 数据挖掘技术

数据挖掘技术是从大量的、不完全的、有噪声的、模糊的、随机的数据中，提取隐含在其中的潜在有用的信息和知识的过程与方法。数据挖掘有两大类主要任务：分类预测型任务和描述型任务。①分类预测型任务从已知的数据中学习模型，并对新的位置分类的数据使用该模型进行解释，得到这些数据的分类。②描述型任务根据给定数据集中数据内部的固有联系，生成对数据集中数据关系或整个数据集的概要描述。

5. 云计算技术

云计算技术是将计算任务分布在大量计算机构成的资源池上，使用户能够按照自己的需求获取计算能力、储存空间和信息服务。"云"是一些可以自我维护和管理的虚拟计算资源，通常是一些大型服务器集群，包括计算服务器、存储服务器和宽带资源等。基于分布式处理、并行处理和网格计算，通过网络将庞大的计算处理程序自动拆分成无数个较小的子程序，再交由多台服务器组成的庞大系统，经计算分析后将处理结果返回用户。

6. 人工智能技术

人工智能技术是通过计算机来模拟人的某些思维过程和智能行为（如学习、推理、思考、规划等)，主要包括计算机实现智能的原理、制造类似于人脑智能的计算机，使计算机能实现更高层次的应用。其中，工程学方法是采用传统的编程技术，使系统呈现智能的效果，而不考虑所用方法是否与人或动物机体所用的方法相同。模拟法要求在效果达到要求的基础上，实现方法也和人类或生物机体所用的方法相同或相类似。

7. 大数据技术

大数据技术是指处理涉及数据规模大，难以利用人工或现有的数据采集、数据存储及数据处理方法的数据集合。其对数据的计算和处理模式包括流体处理模式与批量处理模式两种类型。流体处理的基本理念是交通数据的价值会随时间的流逝而不断减少，尽可能快地对最新数据进行分析并给出结果，将交通数据信息视为流体，源源不断的数据组成了数据流。批量处理模式的核心理念是用计算推得数据而不是把数据用于计算，通过指定一个映射函数，把一组键值对映射成一组新的键值对，通过指定的化简函数保证所有映射的键值对中的每一个共享相同的键组。

（四）自动驾驶技术

自动驾驶汽车（Autonomous Vehicles；Self-driving Automobile）又称无人驾驶汽车、电脑驾驶汽车或轮式移动机器人，是一种通过电脑系统实现无人驾驶的智能汽车。不同自动化等级的自动驾驶汽车涉及一项或多项关键技术，这些技术包括机器视觉技术、行为检测技术、规划决策技术、控制执行技术、V2X 通信技术、信息安全技术和高精度地图与高精度定位技术。

1. 机器视觉技术

机器视觉技术是利用计算机代替人眼来做辨识和检测，以便进一步实施控制，核心技术是视觉处理。其主要作用包括感知周围环境中实体的形状、位置、运动姿态等几何信息，视觉处理包括对视觉信息的获取、传输、处理、存储和理解的整个过程，最终实现计算机对客观环境的理解和描述，从而认知现实世界。

2. 行为检测技术

行为检测技术是应用图像处理、多源信息融合等技术，检测分析驾驶人的驾驶动作和行为，判断其是否符合操作规范或存在安全隐患，并通过在线警告、违规管理等方式规范驾驶人的驾驶行为，提高驾驶行为的安全性和规范性。

3. 规划决策技术

规划决策技术是在对感知到的周边物体预测轨迹基础上，结合汽车的路由意图和当前位置，对车辆做出最合理的决策和控制。决策层其功能可以理解为在一个较小的时空区域内，根据汽车动作的规划问题，具体解决汽车从 A 点到 B 点如何行使的问题；控制层根据决策层、规划层的指令分别对车辆的方向、节气门和制动系统进行控制。决策控制技术具有高度的智能化和复杂度。

4. 控制执行技术

控制执行技术包括面向驱动/制动的纵向运动控制、面向转向的横向运动控制、基于驱动/制动/转向/悬架的底盘一体化控制、融合 V2X 通信与车载传感器的多车队列协同和车路协同控制等，具体包括车道保持技术和车道碰壁技术。车道保持技术依靠数字摄像机记录车道标记，根据偏移量自动调整，通过行车计算机进行状态显示，对车辆的驾驶方向和速度做出修正，大幅减少会车时发生碰撞及车辆冲出车道所产生的交通事故。车辆避撞系统通过控制发动机/动力传动系统和制动器来使目标车跟随前车并保持适当距离，当碰撞事故不可避免时，通过自动制动、调整座椅位置或调节安全带松紧度等措施减轻事故损伤和挽救驾驶人及乘客生命安全。

5. 信息安全技术

信息安全技术通过检测系统合法性、阻止恶意或未经授权的软件安装、检测可疑的应用链接和隐私数据访问，来保障车辆娱乐系统及通信系统的安全性；通过部署车载防火墙监控整个网络通信，发现并阻止异常的网络行为及非可信车辆的操作指令，保证车载的网络安全。实现车辆的芯片级安全启动、安全升级、通信安全、接入认证、入侵检测防御系统，阻断黑客入侵，保护车内网络安全。

6. 高精度地图与高精度定位技术

一般情况下，传统地图只须做到米级精度即可实现功能，但高精地图的应用场景决定了至少要达到厘米级精度才能保证自动驾驶汽车行驶的安全性。通过对高精度地图模型的提取，可将车辆周边的道路、交通、基础设施等对象及对象之间的相对关系提取出来，提升识别周围环境的能力。车辆定位技术是通过卫星定位导航系统与地理信息系统（GIS）电子地图、无线电通信网络及计算机车辆管理信息系统相结合，实现车辆跟踪和交通管理。目前，用于移动车辆定位的主要方法有 GPS 单独定位、GLONASS 单独定位、北斗定位、GPS/GLONASS 组合定位、GPS/DRS 组合定位、差分定位系统、惯性导航定位、多传感器融合定位技术等，以及辅助的地图匹配方法，实现将车辆位置匹配到带有街道名称和地址的电子地图上。

（五）车路协同技术

车路协同技术是综合应用信息、通信、传感网络、新一代互联网、可信计算和计算仿真等领域的最新技术，实现车辆与道路设施的信息共享，在实时、可靠的全时空交通信息的基础上，结合车辆主动安全控制和道路协同控制技术，保证交通安全，提高通行效率，实现人—车—路的有效协同。车路协同技术主要包括车载感知技术、路侧感知技术、车路协同通信技术和信息融合处理技术等。

1. 车载感知技术

车载感知技术包括车辆运动状态、车辆定位信息和行车环境信息的感知。车辆运动状态的感知是利用各种加装的独立的传感技术获取车辆的发动机转速、油耗、车速、加速度、爬坡能力、转向角等运动状态和工作状态数据；车辆定位信息感知技术包括绝对定位信息感知和相对定位信息感知；行车环境信息感知包括道路线形、行人与非机动车、路面信息等信息的感知。

2. 路侧感知技术

路侧感知技术是指通过路侧传感器、路侧信息处理单元、路侧控制主机、路侧交通控制设备、无线通信设施和管理中心服务器，利用监测设备采集道路交通信息，并把这些信息传递给管理中心和车辆，同时接受管理中心的指挥控制指令与服务信息，并发布给附近道路上行驶的车辆。

3. 车车/车路控制技术

车车/车路控制技术是车辆通过获取周围环境的位置参数及附近车辆的运行状态，包括速度、位置、行驶方向、刹车等基本的安全信息。车载端主动安全算法将处理所获取的信息，并按照优先级对信息进行分类，对可能发生的危险情境进行预警，紧急情况下可以利用车辆执行端对车辆进行控制而规避风险，从而减少汽车碰撞事故的发生并缓解交通拥堵。

4. 系统管理控制技术

系统管理控制技术是在获取更加丰富的路网信息的同时，增强交通管理系统与路网、车辆之间的实时交互。交通管理系统能够及时接收车辆运行请求和发现路网交通症结，通过智慧化交通控制、交通诱导等交通管理手段，以及与路网车辆的实时协调，实时收集车辆车况反馈信息，对有问题的车辆提前干预，实现主动管理和控制，有效缓解城市交通拥挤。

5. 安全控制技术

构建安全、可靠的车路协同应用系统是研究的热点及难点。安全性和可靠性将决定车路协同的普及程度。车路协同的开放性、包容性等带来了一些不可避免的安全隐患，复杂恶劣的应用环境对可靠性提出极高的要求。车路协同应该建立等级保护制度，保护关键信息，保障数据共享安全可控，从而实现防御网络攻击、保护个人隐私、确保数据传输准确等方面的能力提升。

参考文献

[1] 王玉玲，闫涛，张培泰. 交通运输经济与决策研究［M］. 长春：吉林科学技术出版社，2023.

[2] 苏霞，徐小林，刘玉英. 交通运输经济与决策分析［M］. 哈尔滨：哈尔滨出版社，2023.

[3] 薛燕，孙佳鑫，曹威. 交通运输经济发展研究［M］. 延吉：延边大学出版社，2023.

[4] 永贵，包金花，张超. 统计方法与应用专著丛书：内蒙古综合交通运输交通可达性区域经济的互动关系研究［M］. 北京：中国商务出版社，2023.

[5] 秦四平. 高等教育轨道交通系列教材：铁路运输经济学［M］. 3版. 北京：北京交通大学出版社，2023.

[6] 陈和. 现代综合交通运输体系与民航发展［M］. 北京：中国民航出版社，2023.

[7] 牛奔，董静，李晓菲. 交通运输科普基地发展研究与实践［M］. 北京：人民交通出版社，2023.

[8] 张洪伟. 交通运输行业绿色低碳发展路径研究与实践［M］. 北京：人民交通出版社，2023.

[9] 刘鲁吉. 现代综合交通运输体系的发展路径与制度保障［M］. 北京：中国纺织出版社，2023.

[10] 陈维亚. 运输经济与政策（英文版）［M］. 长沙：中南大学出版社，2023.

[11] 赵竹，潘屹，胡琰. 智能交通系统及应用［M］. 长春：吉林科学技术出版社，2023.

[12] 过秀成，朱震军. 交通运输工程导论［M］. 南京：东南大学出版社，2022.

[13] 王辉，刘宏刚，罗奋. 交通运输与经济发展［M］. 长春：吉林人民出版社，2022.

[14] 唐娜. 交通运输与中国经济地理的重塑 [M]. 武汉：华中科技大学出版社，2022.

[15] 何雄，胡锦锈. 淮河生态经济带现代综合交通运输体系建设研究 [M]. 武汉：长江出版社，2022.

[16] 胡晓伟，王健. 运输技术经济学 [M]. 哈尔滨：哈尔滨工业大学出版社，2022.

[17] 陈华. 行人交通安全心理导论 [M]. 成都：西南交通大学出版社，2022.

[18] 易振国. 建设交通强国 [M]. 北京：中国青年出版社，2022.

[19] 孙旋. 大型交通建筑特殊消防设计与评估 [M]. 北京：中国计划出版社，2022.

[20] 帅斌，王宇，霍娅敏. 交通运输经济 [M]. 2 版. 成都：西南交通大学出版社，2021.

[21] 程东祥. 城市交通与低碳发展 [M]. 南京：东南大学出版社，2021.

[22] 蒋中铭. 交通一体化轨道上的城市群和都市圈 [M]. 北京：中国市场出版社，2021.

[23] 刘武君. 综合交通枢纽规划 [M]. 2 版. 上海：上海科学技术出版社，2021.

[24] 刘建国，朱跃中，田智宇. 中国交通能源与碳达峰 [M]. 北京：中国计划出版社，2021.

[25] 彭其渊，鲁工圆，文超. 区域轨道交通协同运输组织理论创新与发展 [M]. 北京：科学出版社，2021.

[26] 程世东. 交通运输发展策略与政策 [M]. 北京：人民日报出版社，2020.

[27] 刘冰. 城市综合交通运输体系发展与规划 [M]. 北京：中国建筑工业出版社，2020.

[28] 龚露阳，刘振国. 交通运输服务与旅游融合发展理论与实践 [M]. 北京：人民交通出版社，2020.

[29] 李红华，周文俊，吉立爽. 公路交通运输与经济发展研究 [M]. 西安：陕西旅游出版社，2020.

[30] 汪瑜，贺镜帆，王雪. 民航运输航线网络规划 [M]. 成都：西南交通大学

参考文献

出版社，2020.

[31] 苏巧玲，郭仪. 运输与配送管理［M］. 武汉：华中科技大学出版社，2020.

[32] 孙亚平. 交通工程学［M］. 北京：北京理工大学出版社，2020.

[33] 李伟. 城市轨道交通需求分析与线网规划［M］. 成都：西南交通大学出版社，2020.